本书由黄山学院学术著作出版基金资助

海洋旅游活动偏好、舒适度及感知价值探索：理论与实证研究

陈　铮◎著

中国海洋大学出版社

·青岛·

图书在版编目（CIP）数据

海洋旅游活动偏好、舒适度及感知价值探索：理论
与实证研究 / 陈铮著. -- 青岛：中国海洋大学出版社，
2025. 3. -- ISBN 978-7-5670-4167-7

Ⅰ. F592.3；F593.126.3

中国国家版本馆 CIP 数据核字第 2025RE7558 号

海洋旅游活动偏好、舒适度及感知价值探索：理论与实证研究

HAIYANG LÜYOU HUODONG PIANHAO SHUSHIDU JI GANZHI JIAZHI TANSUO:
LILUN YU SHIZHENG YANJIU

出 版 人	刘文菁			
出版发行	中国海洋大学出版社有限公司			
社　　址	青岛市香港东路 23 号		邮政编码	266071
网　　址	http://pub.ouc.edu.cn			
责任编辑	郑雪姣		电　　话	0532-85901092
电子邮箱	zhengxuejiao@ouc-press.com			
图片统筹	寒　露			
装帧设计	寒　露			
印　　制	定州启航印刷有限公司			
版　　次	2025 年 3 月第 1 版			
印　　次	2025 年 3 月第 1 次印刷			
成品尺寸	170 mm×240 mm		印　　张	14
字　　数	213 千		印　　数	1～2000
定　　价	88.00 元			
订购电话	0532-82032573（传真）	18133833353		

发现印刷质量问题，请致电 18133833353 进行调换。

前　言 | Preface

　　浩渺无际、蔚蓝深邃的海洋自古以来便吸引无数人探索。本书致力于深度解码海洋旅游的独特吸引力，洞悉旅游者行为偏好的深层逻辑，量化旅行体验的舒适度，并深入讨论感知价值的多元化建构，为海洋旅游业的可持续发展铺设稳固的理论基石，提供实际操作指引。

　　本书的编纂工作始于对广泛文献的回顾与批判性审视。本书全面整合了海洋旅游研究的成果，结合心理学、经济学、管理学等多个领域知识，研究了海洋旅游活动偏好、舒适度及感知价值的影响因素和相互作用。海洋旅游远不止是对自然奇观的浅层欣赏，更是人与自然、文化、科技等多重元素交织互动下的一种深层次体验。基于此，本书采用理论与实践双轨并行的研究策略，深入探寻影响游客海洋旅游活动偏好的核心要素。在舒适度研究方面，本书从海洋空间的安全性、环境性、便利性、舒适性、社会性、文化性等方面出发，依托对韩国济州岛与我国海南岛两地海洋游客的调研与数据解析，阐明了影响旅游舒适度的关键变量及其相互作用机理，为旅游地优化管理与提升服务质量提供了有力的数据支撑。感知价值是连接消费者需求与企业供给的桥梁，对于海洋旅游而言，其内涵更为丰富和复杂。本书通过对游客体验的深度解析，探讨了如何提升服务质量，有效塑造和传递旅游产品的感知价值，进而促进游客忠诚度的提高与消费的升级。

本书不仅对海洋旅游活动偏好、舒适度及感知价值进行了探索，还对海洋旅游未来的发展进行了展望。笔者期望本书能够为旅游行业从业者、政策制定者以及广大旅游研究学者提供有益的参考与启示，共同推动海洋旅游向更加健康、可持续的方向发展。

本书的编写得到了 2022 年黄山学院人才启动项目"海洋空间旅游活动偏好、舒适度与感知价值间的关系研究"（2022xskq008），2022 年黄山学院人才启动项目"安徽省智慧景区游客愉悦度、满足度、地方依恋与行动意图间的关系研究"（2022xskq007），2023 年安徽省教育厅人文社会科学重点项目"徽文化智慧旅游发展路径研究"（2023AH051354），2024 年安徽省教育厅人文社会科学重点项目"元宇宙赋能徽文化旅游高质量发展机制及实现路径研究"（2024AH053265），2024 年安徽省教育厅人文社会科学重点项目"'大黄山'智慧文旅人才胜任力研究"（2024AH053277），2024 年安徽省区域文化与智慧旅游融合效应重点实验室重点项目"'大黄山'乡村康养旅游产业创新发展机制及实现路径研究"（WLSYS202409）等资助与支持。

陈　铮

2024 年 6 月

目 录 | Contents

第一章　绪论

第一节　研究背景与研究目的

一、研究背景

海洋旅游目的地因其独特的自然景观、生物多样性和多样化的旅游活动，已成为全球旅游业中增长最快的旅游目的地之一。在经济全球化的背景下，海洋对世界政治经济秩序、国家安全与发展的影响力日益增强，已成为人类生存和发展空间拓展的关键领域。

全球海岸旅游目的地每年吸引着数百万游客去游泳、冲浪、露营等；海洋旅游产业作为海洋产业的重要组成部分，日益受到世界各国的关注，许多国家和地区通过发展海洋旅游事业，推动海洋产业的发展与海洋的保护。

经济合作与发展组织预测，2030 年，海洋旅游产业将实现就业 850 万人次，在世界海洋经济领域中占比最大，达到 26%。联合国环境规划署（United Nations Environment Programme, UNEP）统计，60% 以上的欧洲人选择海边度假，海岸旅游为美国提供了超过 80% 的旅游收入。自然资源部统计，2023年海洋服务业增加值为 58 968 亿元，占国内生产总值比重为 4.7%，拉动国民经济增长 0.3 个百分点，为国民经济增长助力。其中，海洋旅游业增加值为

14 735亿元，比上年增长10.0%。海洋旅游业展现其在海洋经济中的支柱地位，其年增长率及占海洋产业总值的比例反映了该领域的持续繁荣。王芳与朱大奎认识到21世纪海洋旅游的重要性，强调要加强和深入开展海洋旅游研究。[①]

　　海洋旅游的历史可追溯至18世纪的英国，1730年在英国的斯卡伯勒和布赖顿出现了最早的海水浴场，被认为是世界海洋旅游的开端。19世纪中叶，真正意义上的现代海洋旅游出现，这得益于蒸汽机引领的交通革命以及轮船的创新与普及。它们不仅加速了国际互联互通，还为海洋旅游的蓬勃兴起奠定了基础。20世纪中叶之后，海洋旅游迈入了前所未有的快速发展阶段。国内外关于海洋旅游的理论研究直到20世纪后期才开始陆续出现，主要研究空间系统分析、海洋旅游资源开发与管理、海洋旅游资源评价与评价指标体系构建、海洋旅游对环境和生物的影响等；在近10年的国外海洋旅游研究中，海洋旅游消费者的行为偏好、海滩质量、物理特性（水质和海岸清洁度）、可持续发展、海岸承载力、海洋旅游生态环境、海洋旅游发展的作用与影响等成为研究热点；国内海洋旅游研究从滨海旅游、海岛旅游、海岸旅游、邮轮旅游等方向出发，探索了海洋旅游的理论内涵与研究范畴、资源开发与评价、资源环境与可持续发展、社会与经济影响、目的地开发与管理5个方面。近年来，随着人们对健康旅游越来越重视，海洋康养旅游相关研究逐渐增多。

　　通过对国内外海洋旅游相关研究进行分析，发现关于海洋旅游舒适度的研究较少。"舒适度"这一概念出现于19世纪中叶至20世纪初，随着英国城乡规划的发展而逐渐具体化，成为一个相当成熟的术语。在旅游领域，舒适度扮演着至关重要的角色，当旅游景点的管理有序所提供的设施能够符合甚至超越游客的期待时，便能够为游客留下深刻且良好的印象，对提高游客满意度与忠诚度起到关键作用。因此，确保旅游目的地的舒适度是提升游客满意度和促进旅游业持续发展的关键。从海洋及海岸舒适度的相关研究来看，内田唯史等对

---

① 王芳，朱大奎.全球变化背景下可持续的滨海旅游资源开发与管理[J].自然资源学报，2012，27（1）：1-16.

海岸舒适度价值进行了评价。[①]金民秀和全镇浩则从韩国东海岸游客的愉快感、舒适感等角度出发，提出了改善旅游服务及设施，实现游客和地区居民满意的地区建设的指向性战略。[②]与对海洋旅游开发政策的相关研究不同，虽然人们认识到海洋旅游的重要性，但对体现海洋旅游质量的海洋旅游舒适度的研究却不足。

感知价值自20世纪90年代起便成为国内外学者与企业界人士共同关注的焦点议题。它被认为是影响个体行为的核心概念，囊括了态度、观念、关注与信任等多维要素，其对个体行为的解析能力备受肯定。在旅游领域，旅游活动是游客在体验旅游目的地时的行为表现，并且这些活动受到游客个性、动机、态度和学习经历等多种因素的影响。为了制定有效的市场细分策略、目标市场选择和定位策略，业界人士及研究人员对揭示和量化感知价值层次表现出浓厚兴趣。营销策略作为战略营销核心概念的一环，占据着营销实践的中心地位。通过塑造具有特色和吸引力的地区形象及价值主张，吸引更多游客、当地居民和企业投身地区发展，因此积极开展与地区营销策略相关的研究至关重要。在应用研究层面，Van Der Merwe P 等强调在制定旅游营销策略时，应结合心理动机和更具视觉影响力的要素，以吸引潜在游客。[③]这表明，在设计旅游营销策略时，不仅要深入了解游客的心理需求，还要注重打造良好的旅游体验。

"态度"是社会心理学中被广泛探讨且定义多样的概念，众多学者对其有着不同的理解。Freedman M P 将态度界定为针对特定对象、观念或他人的一种稳定的心理倾向，认为它由认知、情感和行为倾向3个维度构成。[④]这一定

---

① 内田唯史，浮田正夫，中园真人，等 . 城市沿海地区滨海配套价值评价研究 [J]. 日本土木工程师学会会刊，1995（509）：211-220.

② 金民秀，全镇浩 . 基于 SWOT-AHP 方法的江原道东海岸旅游事业发展战略研究 [J]. 旅游研究杂志，2016，30（6）：85-97.

③ Van Der Merwe P, Slabbert E, Saayman M. Travel motivations of tourists to selected marine destinations[J]. International Journal of Tourism Research, 2011, 13（5）：457-467.

④ Freedman M P. Relationship among laboratory instruction, attitude toward science, and achievement in science knowledge[J]. Journal of Research in Science Teaching, 1997, 34（4）：343-357.

义不仅阐明了态度的结构，还突出了其特性，因而广受认可，并被视为对态度概念的深入阐释。在旅游学科领域，事后评价或旅游后评价成了洞察旅游现象的一个关键研究主题。随着游客需求的多样化和个性化趋势日益显著，这些心理变量成为有效开发和管理旅游资源的重要因素。具体而言，旅游后评价包括总体满意度、重游意愿和推荐意向3个核心维度。基于此，本书选取济州岛和海南岛的游客作为研究对象，将他们的整体满意度、重访意愿和推荐意图作为衡量态度的关键指标进行探究。

二、研究目的

本书旨在研究海洋旅游活动偏好、舒适度、感知价值及态度的内在关系，并通过海洋旅游活动偏好的复合细分，对海南岛和济州岛的海洋游客进行分析，以此制定差异化的海洋旅游营销战略。具体通过以下5个研究步骤进行研究。

第一，通过研究相关文献，对海洋旅游活动偏好、海洋旅游舒适度、感知价值、态度的概念与构成要素进行界定。

第二，本书将探讨海洋旅游活动偏好如何影响游客的感知价值、舒适度认知及态度形成，并考察舒适度及感知价值在海洋旅游活动偏好与感知价值之间的中介作用。

第三，为保障研究的客观性与广适性，本书将访问济州岛的韩国游客和访问海南岛的中国游客（不包含港澳台地区的游客）作为研究对象，对比分析两地游客在海洋旅游舒适度认知和感知价值影响因素方面的差异。

第四，本书将运用数据分析技术，结合前期的理论研究与实地调查数据，对游客群体进行细致的细分，从而深入了解两地游客的海洋旅游活动偏好、舒适度和感知价值的差异化认知。

第五，本书旨在提炼出对实践具有指导意义的结论，为海洋旅游目的地的管理者、营销者提供基于实证的策略建议，促进海洋旅游活动的合理规划、舒适度提升及感知价值最大化，推动行业的可持续发展。

第二节　研究范围与研究方法

本书研究的范围涵盖了对象范围、空间范围和时间范围 3 个方面。

研究对象聚焦于韩国济州岛与中国海南岛，这两大岛屿分别在各自国家的旅游版图中占据着显著位置。它们位于各自国家的最南端，有着独特的地理共性、丰富的历史文化、温暖的气候以及多样化的生态系统，这些特质使得两岛成为全球游客休闲与疗养的热门旅游目的地。在过去 20 多年间，两地保持了持续的交流，并在两地的共通点及长期合作的基础上，计划进一步拓展在经济、环境、技术和教育领域的合作。鉴于两者长期的互动与合作基础，本书特别关注两岛在海洋旅游管理与发展规划上的异同，以及游客认知上的差异，旨在为未来政策制定提供实证依据。具体而言，本书调查研究了访问济州岛的韩国游客及访问海南岛的中国游客（不包含港澳台地区的游客）对海洋旅游活动的整体偏好、舒适度的认识、感知价值以及旅游后的态度。

空间范围涵盖了济州岛与海南岛的滨海旅游景区。研究的时间范围广，对于韩国济州岛，时间范围包括济州岛 1963 年提出自治地区构想，观光业初步成型至今；对于我国的海南岛，时间范围包括海南岛自 1957 年旅游初现端倪至今。本书对相关文献资料进行了梳理，并对两地海洋游客进行了问卷调查，初步调查时间为 2023 年 6 月 1 日至 6 月 7 日，济州岛共回收有效样本 56 份，海南岛共回收 55 份。基于初步调查结果和对受访者意见的评估，本书设计了最终调查问卷，并于 2023 年 6 月 24 日至 7 月 10 日开展了正式调查。

在研究方法上，本书首先通过文献综述界定了研究核心变量，明确了海洋旅游活动偏好、舒适度、感知价值和态度的概念及构成要素。其次，为了深入分析海洋旅游的活动偏好、舒适度、感知价值和态度，本书对访问济州岛的韩国游客和访问海南岛的中国游客进行了初步调查及正式调查。通过因子分析确定了初步调查中的测量尺度，并据此构建了最终调查问卷。最后，本书运用

SPSS 25.0 和 SmartPLS 3.2.9 统计软件对实证研究的调查结果进行分析；使用频率分析进行人口统计学分析；利用探索性因子分析和验证性因子分析来评估变量的信度和效度；在确认研究模型之后，采用多元回归分析探讨了海洋旅游活动偏好、舒适度认知、感知价值和态度之间的相关性，并通过分层回归分析检验了中介效应，以确定舒适度认知和感知价值是否在海洋旅游活动偏好与态度之间起到中介作用。此外，本书应用有限混合偏最小二乘法（FIMIX-PLS）对海洋旅游活动偏好和舒适度认知与感知价值进行了复合分析和细分分析，并根据分析结果提出了具体的目的地 STP（市场细分、目标市场选择、市场定位）营销策略建议。

第二章　海洋旅游活动偏好

第一节　海洋旅游的概念及特性

在科学领域，"海洋"特指广阔的外海区域，而在日常语言中，泛指广阔无垠的水域。英文中，通常以"sea"或"ocean"指代。当应用于旅游资源的讨论时，"海洋"的范畴拓宽，覆盖了从海岸线、沿海地带至海面及深海的广阔区域，乃至包括人类文化影响下的所有相关水域，包含水深70厘米以上的咸水海域及淡水区域。[①]

海洋旅游的历史根源深深嵌入休闲旅游业的漫长发展之中，休闲旅游的历史甚至可追溯到公元前4000年，随着货币和贸易的萌芽而初显端倪。古罗马时期，旅游作为休闲方式达到鼎盛，沙滩成为精神放松与文化表达的重要舞台，这一现象在文学作品和艺术创作中得到体现。海洋旅游的实践起源于18世纪的英国，1730年斯卡布罗和布莱顿建立了世界上首个海水浴场，标志着海洋旅游活动的正式开端。到了19世纪后半叶，大规模的海岸休养地开始出现，并逐渐演变为海岸地区的游乐场所。现代海洋旅游自19世纪中叶形成，并在20世纪中叶随着该领域的迅速发展而实现规模大幅扩张。尽管海洋旅游的实践

---

① 李震熙，韩相仁.基于IPA方法的济州地区海洋休闲旅游发展方案研究[J].济州观光学研究，2006（10）：191-208.

已经相当成熟，但关于海洋旅游的理论研究却相对滞后，直到 20 世纪后半叶才逐步展开，重点聚焦于海洋旅游的开发和管理方面。海洋旅游这一概念涵盖了由海洋特有的空间、功能和魅力所催生的各种旅游活动。它不仅包括游客在海滩和沿海地区的游览行为，还包括在海岸线内外进行观赏自然风光、参与海上娱乐体验、享受生活方式、接受教育以及休息放松的一系列文娱活动。整体而言，游客在目的地进行的所有与观光相关的活动构成了海洋旅游的全貌。

根据韩国海洋水产部的界定，海洋旅游涵盖了前往岛屿、海岸、渔村等地的观光与逗留活动，涉及休养、海水浴、生态探索、钓鱼、水上运动等多种娱乐形式，旨在促进健康、提升生活质量，不仅可被视为休闲旅游的组成部分，还可被视为体育活动的一部分，凸显了海洋旅游作为海洋产业重要分支，既是个体休闲体验的集合，也是政府利用自然资源促进经济发展的重要策略（韩国《海洋水产发展基本法》第 28 条）。海洋旅游在这里并不单纯是个人体验的概念，还是政府利用海洋空间的自然特性创造经济利润的海洋产业环节。

Orams M 认为，海洋旅游是以海洋环境为中心的休闲活动，或者是为了吸引人们离开他们的常居地到海洋环境而引发的一系列活动。[1] 申东柱和申惠淑将海洋旅游定义为在临近海岸线的陆地和海洋空间进行的海洋文娱活动。[2] 它是人们为了追求生活的变化而脱离日常生活的活动，发生在海域和沿岸接壤的社区单位，直接或间接依赖海洋空间或与海洋空间相关的活动。姜熙锡和南泰锡进一步将这些活动定义为在海洋和海岸圈的海洋空间中，利用海洋旅游资源而发生的以旅游为目的的所有海洋活动。[3] 从空间上看，海洋休闲旅游以海洋和海岸为中心，与在陆地上形成的旅游一样，是一种脱离日常生活、追求变化的行为，是将海域和沿岸作为一种行为空间，在相邻地区发生的以观光为目的的活动。海洋旅游的概念如表 2-1 所示。

①　Orams M. Marine tourism: Development, impacts and management[M]. London: Routledge, 2002: 2-3.

②　申东柱，申惠淑 . 海洋观光开发论 [M]. 坡州：大旺社，2005：1-3.

③　姜熙锡，南泰锡 . 南海岸海洋旅游开发政策方向的战略研究 [J]. 旅游休闲研究，2017，29（11）：293-312.

表2-1 海洋旅游的概念

资料来源	定 义
韩国《海洋水产发展基本法》第28条	离开自己的日常生活场所，在岛屿、海边、渔村等地观光或滞留，进行休养、海水浴、生态探访、钓鱼、游艇和水产品体验、游轮体验等娱乐行为
成其满[①]	海洋旅游是一种休闲娱乐活动，游客可以在海滩和沿海地区进行旅游活动的同时，欣赏风景、体验海上活动、感受生活、接受教育、放松身心
Orams M[②]	海洋旅游是以海洋环境为中心的休息活动或很多人离开他们的惯常居住地，前往海洋环境，而展开的一系列活动
杨熙才[③]	海洋旅游是海洋所具有的空间、作用和吸引力所导致的一切旅游活动
申东柱和申惠淑[④]	海洋旅游是在靠近海岸线的陆地和海洋空间中进行的海洋娱乐活动
李钟烈和金秀勋[⑤]	海洋旅游是脱离日常生活，追求变化的行为，是在临近海域和沿岸地区发生的以观光为目的的活动，是直接或间接依赖海洋空间或与之相关的活动
姜熙锡和南泰锡[⑥]	海洋旅游是在海洋和海岸圈的海洋空间中，利用海洋旅游资源发生的、以旅游为目的的所有海洋活动

与陆地旅游相比，海洋旅游更重视安全性，对设施的耐用性、季节性要求高，投资成本也相对较高。海洋旅游与内陆旅游的特性比较如表2-2所示。

[①] 成其满.国内海洋旅游地开发模式研究[D].首尔：世宗大学，2002.

[②] Orams M. Marine tourism: Development, impacts and management[M]. London: Routledge, 2002: 2-3.

[③] 杨熙才.海洋观光参与动机和市场细分研究[D].首尔：京畿大学，2004.

[④] 申东柱，申惠淑.海洋观光开发论[M].坡州：大旺社，2005：1-3.

[⑤] 李钟烈，金秀勋.海洋休闲活化因素研究[J].韩国公共行政期刊，2010，48（4）：409-428.

[⑥] 姜熙锡，南泰锡.南海岸海洋旅游开发政策方向的战略研究[J].旅游休闲研究，2017，29（11）：293-312.

表 2-2　海洋旅游与内陆旅游的比较

特　性	海洋旅游	陆地旅游
安全性	安全是海洋旅游的首要目标	相比于海洋旅游，陆地旅游设施的安全优先次序下降
设施的耐用性	对设施的耐久性要求高，以抵抗海浪、风等	一般情况下的耐久性
设施投资费用	投资成本高	一般投资成本
季节性	受气温、水温等影响大，季节性强	有一定季节性

海洋旅游的特性可以从以下几个方面进行阐述。

第一，海洋旅游高度依赖自然环境的优质状态，如海水浴要求适宜的水温和水质、平缓安全的沙滩，以及维护良好的清洁海域；游艇航行或水上垂钓要求海面宽阔平静；潜水活动要求水透明度较高及有足够的水深。

第二，海洋旅游的发展必须与自然生态保护紧密结合。沿海及近海区域作为生态脆弱带，其生态系统对环境变化极为敏感，易受旅游活动干扰，因此可持续旅游实践是海洋旅游不可忽视的核心原则。

第三，海洋旅游区域尤其是偏远岛屿，往往因地理距离及交通基础设施的局限，面临较大的可达性挑战。这要求发展策略需着重考虑改善交通连接，如增加渡轮服务、建设海上航线或直升机停机坪，以促进游客便捷访问。

第四，海洋旅游与内陆旅游不同，它涉及陆地与海域，海洋的独特属性使这类旅游更倾向于健康、养生和度假。因此，随着健康和个性化旅游趋势的兴起，海洋旅游有望成为未来旅游市场的核心。

第五，海洋旅游活动明显受制于气候条件，如季风、台风等极端天气，这导致其具有较强的季节性特征，多数活动集中在气候稳定的夏季进行。

第六，鉴于海洋旅游活动的特殊性，不仅游客需要了解海洋基础知识，如潮汐变化规律，旅游地也需要配备专业的安全设施与服务，尤其要为老人、儿童、残疾人等特殊群体提供适应性保障措施，确保旅游活动的安全。

第七，海洋旅游活动往往融合了休闲与体育的双重性质，如冲浪、帆船，这些活动不仅要求参与者具备一定技能，也促使旅游服务提供者整合资源，开发综合型设施与培训服务，模糊了传统旅游与体育活动的界限。

第二节　海洋旅游活动偏好分类

一、海洋旅游资源分类

金成镇将海洋旅游资源分为自然资源与人文资源两大类。[①] 自然资源指的是那些直接来源于自然界并具有观赏和娱乐价值的旅游资源，如海水浴场、天然海钓场所、沙滩以及候鸟栖息地；人文资源指那些由人类创造或改造的资源，既包括物质形态的旅游资源，又包括非物质形态的旅游资源。这些资源可以进一步细分为社会文化资源和产业资源。社会文化资源反映出一个地区的生活风貌、价值观念和文化特色，如海洋博物馆展示的海上历史与文化、地方节庆活动中体现的民俗风情，以及独具特色的海洋美食；而产业资源则包括实际参与经济活动的设施，如渔港、码头和游艇，它们在旅游目的地提供服务的过程中也成为吸引游客的独特亮点。

金正浩对海洋旅游资源的分类更为细致，将其分为海洋生态资源、海洋文化资源、海洋社会资源、海洋产业资源和海洋娱乐资源等类别。[②] 韩国农林畜产食品部将海洋旅游资源分为自然旅游资源和人文旅游资源两大类，自然旅游资源由地形、地质、景观、动植物等有形元素和气候、水土等无形元素组成，提供了观赏型和活动型的旅游基础；人文旅游资源则包括有形的文化旅游资源、产业旅游资源和娱乐旅游资源，如历史遗迹、居住地、美术工艺品、建筑物，以及无形的生活、民俗、宗教、节庆等文化元素。

---

① 金成镇.为搞活海洋旅游，分析海岸地区的特性及各旅游要素的重要性 [D].釜山：东义大学，2010.
② 金正浩.关于海洋旅游资源的地方自治团体间的联系、合作利用的探索性研究 [J].韩国地方自治研究，2013，15（1）：181-199.

林孟龙等将海洋旅游资源分为海洋自然旅游资源和海洋人文旅游资源。①自然旅游资源包括海洋地形旅游资源、海洋气候气象旅游资源、海洋水体旅游资源及海洋生物绿玉资源等类别；海洋地貌旅游资源分为海岸地貌旅游资源、深海和大洋地貌旅游资源；海洋人文旅游资源分为有形和无形资源 2 种；有形海洋人文旅游资源包括相关遗存②、建筑物、建筑群落、遗迹等（沉船等水下遗存、港口、防波堤；沿海、近海历史文化名城、渔村、民间信仰、宗教建筑、海战遗迹、历史人物遗迹、历史事件遗迹、文化遗迹、博物馆、主题公园等）。海洋无形人文旅游资源包括文学艺术、民俗民风、宗教信仰、节庆活动、科学知识等（一是有关海洋的诗歌、词曲、戏剧、小说、绘画、刺绣、雕塑等作品；二是民间文艺活动、传统技艺、历史传说、海洋生产活动、与生活方式相关的民间习俗；三是旅游节、文化节、商业节、体育活动等）。

　　根据 Kim S G 的研究，海洋旅游可以分为利用自然资源进行海水浴、海岸景观观赏等活动的自然资源型，以及利用社会文化和产业资源进行旅游活动的人文资源型。③

　　韩国海洋水产部在 2013 年 11 月进行的海洋旅游资源现状调查的结果显示，海洋旅游资源主要分为文化资源、自然资源和设施资源三大类。文化资源包括节日和村庄，自然资源包括海水浴场、散步道、保护区和风景名胜区，而设施资源则涵盖了展览 / 观赏设施、体育设施、住宿 / 餐饮设施、交通设施、公园 / 休养设施等。

　　济州岛海洋旅游资源分为自然资源、人文资源、产业资源三大类。自然资源分为自然景观资源和生态资源；人文资源分为历史资源、生活资源及文化资

①　林孟龙，林明水，李永棠，等.海洋旅游发展的蓝色经济转向研究 [J].中国生态旅游，2021，11（4）：519-535.

②　遗存是人类活动所遗留下来的物质以及和人类活动有关的自然界的物质，包括遗迹和遗物两类。在考古学中"遗存"分为"遗"和"存"，"遗"指古代人类活动遗留的，"存"指客观存在的、看得见摸得着的实物。

③　Kim S G. Introduction to marine tourism[M]. Seoul: Hyunhaksa, 2007: 6-10.

源；产业资源分为产业景观资源及海洋景观资源。[①]

　　海南岛海洋旅游资源大致可分为自然资源及人文资源两大类。自然资源分为地文景观、水文景观、生物景观、气候气象景观；人文资源分为文化资源、人造资源、休闲体育资源。[②]济州岛和海南岛的海洋旅游资源分类虽有差异，但总体资源类型相似，具体分类如表2-3所示。

表2-3　济州岛及海南岛海洋旅游资源分类

区　分		目标资源
济州岛	自然资源	自然景观资源	海岸景观、海水浴场、岛屿、海洋、海岸线、岩石、日出和日落观赏地
		生态资源	渔业资源、海洋生物、海岸陆地植被
	人文资源	历史资源	历史人物、石墓、立石、城墙、烽火台、灯塔、流放地、石碑、古代建筑物、古文书、海岸洞窟等
		生活资源	饮食、建筑、捕鱼方法及渔具、村庄礼仪和信仰、民谣、传统民俗、海女、海女换衣所、泰瓦克（Tewak）
		文化资源	节庆、展览馆、文化设施、艺术品
	产业资源	产业景观资源	土特产、资源采集、加工、运输设施、渔村、渔港、船舶、灯塔、海岸公路
		海洋旅游资源	海钓、潜水、邮轮、游艇

---

① 文顺德，金锡允.关于岛民对济州岛海洋文化资源的认识和态度研究[J].济州岛研究，2021，55：139-177.

② 李悦铮，李鹏升，黄丹.海岛旅游资源评价体系构建研究[J].资源科学，2013，35（2）：304-311.

续表

区 分		目标资源
海南岛	自然资源 — 地文景观	沙滩、海岸地貌资源
	自然资源 — 水文景观	水温、水色、海底观赏资源、海水浴、海钓、海上休闲运动
	自然资源 — 生物景观	海洋动植物资源、绿地资源、渔业资源
	自然资源 — 气候气象景观	温度、空气质量、天蓝色、气候舒适度、日出日落地、赏月等
	人文资源 — 文化资源	历史遗址、传统建筑、宗教遗址、民俗、节庆活动
	人文资源 — 人工资源	渔村、渔港、海洋博物馆、展览馆、海洋主题旅游区、建筑物、住宿餐饮设施、交通设施、旅游服务设施、安全保护设施、垃圾处理设施、游船、潜水器、游艇度假村等
	人文资源 — 休闲体育资源	滑雪、冲浪、帆船、潜水、海底探险等

二、海洋旅游活动偏好的概念和构成维度

旅游活动是满足旅游需求的目标导向行为，也是消费者行为的特定部分，与旅游商品和服务的购买使用有直接关系，是旅游研究中不可忽视的部分。一般来说，游客的活动类型多种多样，各游客的活动类型具有差异性。在旅游决策过程中，由于个人感知价值、社会文化背景及决策参照系的不同，人的旅游活动偏好也有所不同。

动机会激发个体的行为并指导其朝向令人满意的结果发展。然而，更细致的选择过程及筛选机制是由个体的偏好决定的。这些个人偏好是内在固有的，体现了个人的喜好，同时反映了外在或社会条件的影响。

Pearce D G 指出，偏好在性质上比动机更为具体，它通常体现在旅游者选择目的地和活动时。[①] 众多研究已经对游客的偏好进行了深入探讨，并且成功地将组合分析（也称为定点偏好方法）应用于旅游领域，将其作为一种描述和预测游客选择行为的有效技术。

偏好是基于情感判断而形成的对某事物的好感或反感倾向。当游客对特定的旅游活动表现出积极态度时，意味着他们对这项旅游活动有所偏好。这种偏好最终会转化为实际行动，如游览景点和参与活动。此外，游客在选择旅游目的地和活动时的态度，也会形成他们的个人意图、偏好和目标。

旅游偏好指游客的个性特征如何影响其旅游行为。个性特征包括兴趣、爱好、能力、气质以及性格等方面。可以从游客的年龄、职业、教育背景、性别和生活环境等角度来研究旅游偏好，心理学认为态度会影响偏好。[②]

海洋旅游是在特定的社会经济背景下，以海岸线、海面、岛屿等海洋环境为依托，旨在满足人们精神和物质需求的一种休闲方式，包括娱乐、度假等各种活动及相关的社会现象。[③]

海洋旅游的空间范围可以划分为 3 个区域：陆地部分、海岸区和海上·海中区。陆地部分主要包括海边、海岸线、岩壁、悬崖等以观赏自然景观为主的区域；海岸区则指以海水浴场为中心的活动区域；海上·海中区是以帆船出海、潜水、游泳、冲浪、跳水等为主要活动的区域。[④]

虽然海洋旅游的种类有很多种，但目前还没有形成包含海洋旅游具体功能的分类体系。崔度锡等将世界各国的海洋旅游概念与海洋旅游相关产业群直接或间接相关的功能相结合，根据海洋空间的区位特征进行分类，分类体系如表

---

① Pearce D G. Tourist time-budget[J]. Annals of Tourism Research, 1988, 15（1）: 106-121.

② 高维全，曹洪珍，王玉霞. 海岛旅游绩效评价及驱动因子研究：以中国 12 个海岛县（区）为例 [J]. 数学的实践与认识，2020, 50（6）: 264-273.

③ 董朝阳，童亿勤，薛东前，等. 海岛旅游文化景观特征及影响因素分析：以舟山桃花岛为例 [J]. 陕西师范大学学报（自然科学版），2018, 46（5）: 98-107.

④ 成奇满. 韩国国内海洋旅游景点开发研究 [D]. 首尔：世宗大学，2002.

2-4 所示。①

表 2-4　基于空间区位特征的海洋旅游分类体系

空　间	活动类型	海洋旅游细分类
海滩	体验型（动态）	游艇、海洋主题公园、海水浴场、水产品采摘体验观光、沙滩排球、渔村体验观光、海岸漫步、海上风筝、沙滩滑雪、泥浆体验观光、海滨生态探访、海洋产业观光（港口设施、造船设施、海中·海底隧道等参观）
	休闲观赏型（静态）	海洋垂钓（海岸垂钓、海上船舶垂钓等）、海洋节庆、灯塔、海洋博物馆、海洋科学馆、水产美食体验、水族馆、海豚秀场、海边露营、岛屿观光、沙疗、海边·海中象征物、海上喷水池等观赏、海洋温泉
海中·海底	体验型（动态）	海底漫步、潜水（浮潜）等
	休闲观赏型（静态）	海底观光潜水艇、海中瞭望塔、海上酒店、海上公园
海上	体验型（动态）	海上旅游交通（邮轮、海陆两用巴士、海上巴士出租车等）、旅游翼船、海洋休闲运动（帆船、草船、摩托艇、赛艇、皮划艇、水上滑板、水上自行车、冲浪等）、海洋极限训练（冬泳比赛等）、海上桥梁旅游（海上桥梁观景台观景、桥梁攀登等）、海上航空休闲、海上蹦极、海上高尔夫练习场等
	休闲观赏型（静态）	海上缆车、海上观景台、海上酒店、水上观光民宿、水上餐厅（咖啡厅）、海上烟花表演（海上激光秀）、船舶庆典等

　　根据 2016 年韩国海洋水产开发院的分类，海洋旅游休闲活动可以划分为两大类：水下活动和水边利用。此外，海洋旅游休闲产业的构建包括了 3 个核心要素：基础设施的建设、相关装备的生产以及旅游服务的提供。这些要素共同支撑着海洋旅游休闲行业的发展，为游客提供丰富多样的海洋休闲体验。具体分类如表 2-5 所示。

---

① 崔度锡，刘正宇，崔允灿 . 釜山的海洋观光产业特色培育方案 [R]. 釜山：釜山发展研究院，2011.

表2-5　海洋旅游休闲类型及划分

区　分			内　容
水中型	游览船	游船	定期和长期游览船
			以旅游为目的的游船（邮轮）、租赁型游船
		水陆两栖型游船	水陆两栖巴士、气垫船
	动力水上运动	水上动力机械	摩托艇、水上摩托车、帆船、游艇等
		动力连接型	帆板运动、滑翔板、尾波板等
	无动力水上运动	小型船舶	皮划艇、三角帆船、无动力帆船等
水边型	水上运动专业园区		以园区形态打造，引入多种休闲体育项目 地址选在大城市或海洋休养地，与港口结合起来打造
	水上娱乐设施		天然海水浴场、人工海水浴场等
	垂钓休闲		海钓区
	海滨探访路、海岸公路		由平台等组成的以旅游为目的的探访路，海岸景观观赏道路
	桥梁、瞭望设施		观景台、观光灯塔、桥梁、空中步道等
	度假村		集住宿与海洋休闲、度假项目于一体的海洋度假园区

海洋旅游包含多样的活动体验，涵盖海岸活动、海上活动等。根据金农吴

与李东信的研究，海洋旅游可以大致分为3类：观光型、运动型和休闲型。[①]观光型旅游主要涉及静态活动，如在海岸和海洋中欣赏风景的海上游览和邮轮旅游。这些活动已成为主流选择，让游客可以以一种轻松愉悦的方式来欣赏海洋的壮丽景色。运动型旅游指追求冒险和刺激的旅游形式，以帆船、潜水和跳水等活动为代表。这些活动让游客能够亲身参与，感受海洋的魅力和挑战自我。而休闲型旅游是更注重直接与海岸接触的体验活动，相比运动型旅游更为静态，如海水浴和生物采集。

李相春等研究者对海洋旅游的分类更为细致，他们将其划分为海岸旅游、海洋性旅游以及海洋娱乐等多个种类。[②]尽管分类繁多，但总体上可以归纳为几大主要活动类型，包括在海岸地区进行的活动，如沿着海滩漫步；面向大众的休闲活动，如海水浴；更具运动性的活动，如乘坐游艇、快艇或帆船等水上运动。

姜熙锡和南泰锡将海洋旅游活动细分为四大类：休闲运动型、休养娱乐型、自然景观游览型以及生态体验型。[③]海洋旅游不仅包括在海岸线及其毗邻海域进行的各种观光、休闲和娱乐活动，还包含与旅游业相关的配套设施，如酒店、餐饮服务，同时涉及支撑海岸和海洋旅游发展的建筑和基础设施，如零售商店、交通枢纽、游艇码头。此外，海洋旅游的活动范围还拓展至娱乐性划船、海岸和海洋生态旅游、邮轮旅行、游泳、娱乐性垂钓、浮潜和跳水等项目。

海洋旅游活动还包括观鸟、观鱼和鲸鱼、观风景、观其他动物/昆虫、观植物、游泳、日光浴、骑行、跑步、步行、潜水、垂钓等多种活动。此外，还有垂钓、海上运动（如滑水、皮艇）、植物的装饰性使用、安静休息和科学知识普及活动等。

---

① 金农吴，李东信.全罗南道海洋旅游的发展方案研究[J].韩国图书研究，2012，24（4）：161-181.

② 李相春，吕浩根，崔娜利.海洋旅游的理解[M].首尔：白山出版社，2004：3-5.

③ 姜熙锡，南泰锡.南海岸海洋旅游开发政策方向的战略研究[J].旅游休闲研究，2017，29（11）：293-312.

　　Orams M 将海洋旅游活动细分为四大类：活动型、自然型、社会文化型以及特定活动型。[①]李相春和吕浩根则提出了一个更多元化的分类方法，涵盖了欣赏海洋景观、水上运动、参与海洋节庆活动、沙滩足球、登船游览以及亲水游戏等方面。[②]另外，金成贵将海洋旅游划分为海洋运动型、海洋景观型、海钓型、海水浴型、历史文化型以及生态体验型等多个类别。[③]

　　本书在整合前人研究成果的基础上，将海洋这一概念所涵盖的空间范围扩展至海岸、近海以及远洋的广阔领域。据此，海洋旅游被定义为游客在沿海陆地与海洋区域内，对自然资源、人文资源、产业资源以及海洋娱乐活动进行的一系列探索和体验。所谓海洋旅游活动偏好是指旅游者在选择海洋旅游活动时所表现出的个人倾向，包括他们的意图、喜好和目标等心理构成。根据海洋旅游资源及活动的不同类型，本书将海洋旅游活动偏好分为五大类：自然景观观赏型、人文景观观赏型、休闲运动型、体验型、购物·美食型。海洋旅游活动偏好的测量因素及内容如表 2-6 所示。

表 2-6　海洋旅游活动偏好的测量因素及内容

区　分	内　容
	观赏日出、日落景观
	观赏海岸道路景观
	观赏河口等海岸地形景观
人文景观观赏性	游览历史遗迹等
	游览渔村、渔港
	游览水族馆等主题旅游景区

①　Orams M. Marine tourism: Development, impacts and management[M].London: Routledge, 2002: 2-3.

②　李相春，吕浩根 . 海洋性娱乐活动偏好研究 [J]. 旅游休闲研究，2001，13（1）：43-59.

③　金成贵 . 海洋观光论 [M]. 首尔：玄学社，2010: 6-10.

续表

区　分	内　容
休闲运动型	体验游艇、游览船等
	体验冲浪等水上运动
	体验全地形车等海岸运动
	体验潜水、海底漫步
体验型	体验温泉桑拿
	体验海水浴场
	体验海边节庆等庆典活动
	体验海钓
	体验高品质海洋主题度假村
购物·美食型	购买海鲜等旅游产品
	体验海边美食
	体验海边咖啡厅

第三章　海洋旅游舒适度

第一节　海洋旅游舒适度的概念

舒适度（Amenity）作为一个多维概念，不仅包括物理环境的舒适，如气候、景观、清洁度，还包括心理层面的愉悦，如情感联结、社区归属感和安全感。此外，它还涉及社会和文化的元素，如良好的人际关系、地方特色和文化遗产。英国城市规划师威廉·哈尔福德强调的舒适度是一种包含多种价值的综合状态，这表明舒适度不是一个受单一因素影响的指标，而是受多个相互关联的因素影响的指标。这些因素包括但不限于环境质量、社会关系、个人福祉和文化认同。舒适度可以从综合舒适性、环保、清洁、亲近感、良好的人际关系、人格性、共生等的从容（经济性、文化性等）、平静（安全性、保健性等）、情感（环境性、舒适性等）等多种价值概念切入，可以说是"人活着所需要的综合舒适性"。也就是说，当人与环境相遇时发生的从空间特性到审美性，都具有非常多样的复合概念。

最近，对于以价值为导向的舒适性的重视不断增加，这也引发了市场接触方式的热议。基于公共财产价值理念，这种关注已经扩展到直接支付制的范围之外。"Amenity"一词源自拉丁语中的单词"Amoenitas"，最初指"高兴"或"惬意"，后来逐渐涵盖更多维度的舒适状态。它不仅指具体的环境特征，如美丽的景色或清洁的空气，还指"爱"和"合适的地方有合适的事物"。威廉·哈尔福德将舒适度定义为一种包含多重价值的综合舒适状态，意味着"合适的地方有合适的事物""场所的独特效用与价值"①以及"场所特有的货物或服务"②。此外，还包括"区域内及跨区域选址要素"③的定义。

朴斗熙在其研究中列举了一系列构成舒适居住环境的因素，包括自然环境、历史文化资产、街道布局、景观设计、地域特色、社区凝聚力、人情味以及地区公共服务（包括教育、医疗、福利等）和交通便利性等。这些要素共同作用，形成了一个宜居的、令人向往的生活空间。④

根据林亨柏的定义，舒适性是指生活环境带给人的舒适感受，它是一个综合的概念，涵盖了日常生活中通过视觉、听觉、味觉等感官所体验到的舒适感。⑤此外，舒适性还包括日本环境省所提出的创造自然景观相关的舒适环境。Clark T N 等强调舒适材料和公共服务，其将舒适性视为为人的安全、快乐和便利而提供的气候、场所和状况等综合条件。⑥

经济合作与发展组织（Organization for Economic Co-Operation and Development, OECD）在 2002 年的定义中，将 Amenity 视为展现地区特色、提供审美和休闲价值的综合要素。这一观点强调舒适度在全球化背景下，如何促进地方特色的展现和文化的保护与传承。舒适度不仅涉及审美价值，还涉及环境与场所的价值，以及城市和地区规划的根本目标——追求自然与人的和谐共生。舒适度是在人与环境互动中激发积极感受的场所属性，是反映人们心理状态的生活环

---

① Tolley G S, Diamond D B. The economics of urban amenities[M]. North Carolina: Academic Press, 1982: 5.

② Gottlieb P D. Residential amenities, firm location and economic development[J].Urban Studies, 1995, 32（9）: 1413-1436.

③ Boarnet M G. Spillovers and the locational effects of public infrastructure[J]. Journal of Regional Science, 1998, 38（3）: 381-400.

④ 朴斗熙.根据经济及舒适度水平研究韩国城市差距 [D]. 光州：朝鲜大学，1996.

⑤ 林亨伯.关于舒适度的概念、起源和历史、分类的研究 [J]. 韩国农村指导学会杂志，2001, 8（2）: 191-199.

⑥ Clark T N, Lloyd R, Wong K K, et al. Amenities drive urban growth[J]. Journal of Urban Affairs, 2002, 24（5）: 493-515.

境综合舒适度。在日本，Amenity 是单纯的舒适性的意思，但本义是"在合适的地方有合适的东西（环境、设施或人的态度）"。

一、农村和城市舒适度的概念

舒适度这一概念最早出现在英国的《城市规划法》（Town and Country Planning Act）中，该法规未能全面改善城市环境，主要专注于提升郊区住宅区的居住条件，有一定的局限性。随后，1967 年的《空中舒适度法》（Civic Amenities Act）和 1974 年的《城市农村舒适度法》（Town and Country Amenities Act）进一步丰富了这一概念，将其纳入更全面的城市空间规划原理和手段之中，以提高城市空间质量。农村舒适度则是西方乡村重塑和复兴的关键因素之一，特别是在 20 世纪六七十年代，当西方乡村步入后生产主义阶段，其传统的生产价值，尤其是农业和牧业的生产价值开始衰退，而其消费价值，如美学、休闲和旅游等方面的价值日益凸显。[①] 随着乡村振兴战略的推进，乡村的环境质量不断提高，基础设施不断完善，对有着养老、休闲、疗养以及追求审美和乡村生活等不同需求的群体产生了越来越大的吸引力，因此对农村舒适度的深入研究变得尤为重要。[②]

在词典中，农村舒适度描述的是一种使人心情愉悦、感到舒适的乡村特性。在学术领域，Argent N 等学者将农村舒适度定义为包含了对一个地方整体环境的吸引力以及该地方吸引人的特征或设施两个层面。[③]

农村舒适度不仅关乎户外休闲的便利，还关乎丰富的文化遗产和乡村独有的氛围，如野生地、耕地景观、历史遗迹和文化传统，体现了环境与人文的双

---

① Cortes-Vazquez J A. The end of the idyll? Post-crisis conservation and amenity migration in natural protected areas[J]. Journal of Rural Studies, 2017（51）: 115-124.

② 薛岚. 国外乡村舒适性研究综述与启示 [J]. 地理科学进展，2020，39（12）: 2129-2138.

③ Argent N, Smailes P, Griffin T. The amenity complex: Towards a framework for analysing and predicting the emergence of a multifunctional countryside in Australia[J]. Geographical Research, 2007, 45（3）: 217-232.

重价值。[①] 该概念涵盖了气候、景观、公共服务、基础设施的完善、低犯罪率、医疗条件等，这些都是吸引家庭迁往特定乡村地区的关键因素。[②] 基于舒适度的乡村发展呈现出 4 个主要特征：首先，它强调乡村资源和环境的价值，而不是其生产价值，这有助于提升自然环境、文化遗产、基础设施和公共服务的质量[③]；其次，通过发展旅游、养老等服务业，可以拓宽农村经济增长的途径，实现农村的多功能和多目标发展；再次，吸引移民和游客，带来新的投资和消费，从而为农村的经济发展注入活力；最后，农村舒适度具有外部性，为当地居民带来直接和间接的利益，提升其幸福感和生活质量。

可以将农村舒适度定义为人口稀少地区的特征，包括半自然环境中的野生地、耕地景观、历史遗迹和文化传统。这些特征不是无处不在的，而是在特定的地区内存在的，一旦消失便难以恢复，并不具有可逆性。农村舒适度并非仅指宜人的环境，而是反映农村地区整体性的要素，为社会成员提供经济和社会价值的资源。这包括农村的生态系统、生物多样性、景观、社区、古建筑的独特文化和传统等有形和无形的资源，尤其是农村舒适度超越了单纯的舒适，更多的是为当地社会成员提供经济和社会价值的资源。

自 19 世纪以来，西方城市在快速的城市化和工业化背景下经历了经济的蓬勃发展，同时出现了环境恶化、资源枯竭和犯罪率上升等问题，从而催生了最早的城市舒适度理念。[④] 美国地理学家乌尔曼（E. L. Ullman）于 1954 年最早提出了舒适度的概念，并鼓励人们向自然环境更优越的区域迁移。随着城市居民对便捷、高品质生活的需求不断增长，发达国家在舒适度领域进行了深入探索。Gottlieb P D 将舒适度描述为地方特有的风貌，为当地居民或行人提供

---

① Abrams J B, Gosnell H, Gill N J, et al. Re-creating the rural, reconstructing nature: An international literature review of the environmental implications of amenity migration[J]. Conservation and Society, 2012, 10 (3): 270-284.

② Partridge M D. The duelling models: NEG vs amenity migration in explaining US engines of growth[J]. Papers in Regional Science, 2010, 89 (3): 513-536.

③ Green G P, Deller S C, Marcouiller D W. Amenities and rural development: Theory, methods and public policy[M]. Cheltenham: Edward Elgar Publishing, 2005: 1-5.

④ 尚蕾，杨兴柱. 国外舒适性研究综述 [J]. 云南地理环境研究，2017，29 (3): 6-16.

无法在其他地方获得的商品或服务。① 城市的舒适性也可视为吸引人们居住和工作的一系列特有设施和环境条件，如城市绿地、娱乐场所、餐馆和历史建筑。

在经济学领域，Gyourko J 和 Tracy J 将舒适度视为地方的价格不确定性和非生产性公共物品，如空气质量、教育水平、城市安全性。②Scott A J 则认为城市舒适度源于劳动力在特定城市环境中获得的精神满足，这种满足感来源于城市特有的自然、文化休闲或社会氛围。③ 舒适度涵盖了吸引人们生活和工作的各种商品和服务。城市舒适度还涉及社会不平等问题，即不同社会阶层获取舒适资源的机会不均等，这反映了城市规划与社会公正之间的复杂关系。王宁在城市舒适度与不平等研究中，将舒适度定义为使人们在感官和情感上感到舒适、快乐、满足的事物、环境、活动、设施或服务。④ 这一定义与当前"营造宜居之地"或"打造向往之城"的目标和战略相契合。

二、海洋旅游舒适度的概念

本书在前期研究的基础上，将海洋旅游界定为在沿海陆地与海洋空间中进行的旅游活动，从自然资源、人舒适度两个方面进行探讨。特别是，那些为吸引更多游客而建设的旅游胜地，对海洋旅游区的发展产生了深远的影响。海洋旅游区不仅涵盖了自然环境的美感（如海滩、海洋生态、气候条件），还包括人文环境的丰富性（如历史建筑、社区文化）、社会环境的友好性（如社区互动、治安状况）、经济环境的可承受性（如物价水平、就业机会），以及设施或服务的完善性（如住宿、餐饮、交通、娱乐设施）。

虽然关于海洋旅游舒适度的概念尚未明确，但本书综合了海岸带、海岸与

---

① Gottlieb P D. Amenities as an economic development tool: Is there enough evidence?[J]. Economic Development Quarterly, 1994, 8（3）: 270-285.

② Gyourko J, Tracy J. The structure of local public finance and the quality of life[J]. Journal of Political Economy, 1991, 99（4）: 774-806.

③ Scott A J. Jobs or amenities? Destination choices of migrant engineers in the USA[J]. Papers in Regional Science, 2010, 89（1）: 43-63.

④ 王宁. 城市舒适物与社会不平等 [J]. 西北师大学报（社会科学版），2010, 47（5）: 1-8.

海洋观光、舒适度、乡村舒适度、城市舒适度、海岛旅游舒适度等多方面的研究，将海洋旅游舒适度定义为人们在靠近海岸线的陆地和海洋空间中，所感受到的舒适、愉悦、便利、满足等正面情感，这包括所有自然环境、人文环境、社会环境、经济环境、设施或服务带来的感受。

第二节　海洋旅游舒适度的分类

一、舒适度的分类

随着区域发展观念的转变，舒适度成了衡量和促进区域发展的核心考量因素。它不仅是吸引人才和投资的关键因素，还是提升居民生活质量、增强区域吸引力和竞争力的重要手段。舒适度对区域发展的影响可从直接和间接2个层面划分，即所谓的积极战略和消极战略。积极战略旨在将舒适度作为促进经济发展的工具，通过优化自然环境、完善基础设施、提升公共服务水平等方式，创造宜人的居住和工作环境，吸引人才和企业，刺激经济增长；而消极战略则侧重在空间规划中应用舒适度概念，通过合理的土地利用规划、保护自然和文化资源、提升社区功能等措施，避免破坏性的开发，维护区域的长期舒适度和可持续性。由于舒适度资源的稀缺性和吸引力，这些资源对用户具有高度价值，并且这种价值判断是个人的、不可干涉的。舒适度资源包括公共和私人的舒适设施，以及自然元素，如森林和河流，也包括人工设施，如文化遗址和广场。

日本环境省舒适度研究会将创造舒适度的资源和手段细分为文化、价值意识、生活方式、商业活动、社会基础设施、土地利用和自然条件等方面。酒井宪一将舒适度分为自然、审美、便利、生命与安全、个性与综合、历史与文化6个维度。梅里亚姆－韦伯斯特公司（Merriam-Webster Inc.）的定义突出了社会关系和基础设施在提供舒适度中的作用，强调了居住环境的综合价值。[1]

---

① Merriam-Webster Inc. Merriam-Webster's collegiate dictionary[M]. Springfield: Merriam-Webster Inc, 1998: 3.

韩国农村振兴厅的分类体系体现了对自然资源、文化资源和社会资源的综合考虑，共计37种，强调了社区特性在舒适度中的核心地位。金善姬研究将具有生态、经济、文化审美价值的资源归类为国土舒适度资源，包括自然环境、生活环境、历史文化资源、基础设施及其周边区域。[①] 尚蕾和杨兴柱进一步提取了包括交通通达性（铁路、高速公路、机场等）、供水、电力、教育、公共交通、网络设施、医疗设施、商业设施、住宿设施、政府机关、学校等在内的旅游景点系统资源。[②]

金英珠基于农村空间结构的特性和村庄的特性，对农、渔村的舒适度资源进行了新的分类体系构建。[③] 该体系将舒适度资源细分为三大类：生态环境资源（包括动物、植物、景观和水资源等自然元素）、生产环境资源（涵盖生产基础设施、农业及其他经济来源、集体生产活动资源等）以及生活环境资源（涉及历史文化、公共设施、社会福利以及社区凝聚力等社会文化因素）。杨璐等借鉴了马斯洛需求层次理论，并结合旅游舒适度、气候适宜性、游客满意度理论和旅游安全理论，将旅游者的需要归纳为3个基本层面：生理需求、安全需求和心理需求。[④] 他们进一步将游客对旅游舒适度的主观感知具体分为4个方面：自然环境的品质、人文环境的丰富度、旅游活动的安全保障以及旅游过程中的社交互动环境。

二、农村和城市舒适度的分类

西方学者提出的农村舒适度指标涵盖了气候、自然环境、休闲、社会和地理5个主要领域。在这些指标中，自然环境舒适度所占权重最大，紧随其后的

---

① 金善姬. 为改善未来生活质量的国土舒适度发掘和创造战略研究：第一卷总括报告书 [R]. 首尔：国土研究院，2007.

② 尚蕾，杨兴柱. 国外舒适性研究综述 [J]. 云南地理环境研究，2017，29（3）：6-16.

③ 金英珠. 基于农村空间结构特点重新确立舒适度资源分类体系 [J]. 农村计划，2012，18（1）：1-8.

④ 杨璐，程菲，谢红彬. 福建武夷山风景区旅游舒适度评价：基于马斯洛需要层次理论 [J]. 山西师范大学学报（自然科学版），2021，35（2）：77-85.

是气候舒适度、休闲舒适度和社会舒适度，最后是地理舒适度。许技术指出，农村舒适度源自其独特的自然环境和人造环境，这种环境不仅提供了快乐和喜悦以及生产价值，其价值更多与消费者相关联。①李相文将农村舒适度视为一种资源，它是指农村特有的环境和设施，这些作为共同体的重要组成部分，不仅反映了农村地区的整体特性，还为居民提供了休憩、审美甚至经济价值。②金正燮将农村舒适度定义为某个地区特有的空间或社区要素的集合，包括生态系统、生物多样性、耕地景观、定居模式、古建筑以及社区文化和传统等。③崔秀明提出，对于农村舒适度资源的评估，可以从价值、市场流通性、生产关联度、物理分布、历史发展以及利用程度等多个角度进行分类。④韩国农村资源开发研究所在挖掘农村舒适度资源时，基于此分类，将其细分为自然资源和人类活动形成的社会资源，共 37 类。

对农村舒适度的增强和阻碍因素可以进行更细致的分类，大类包括自然资源、文化资源和社会资源，中类可进一步细分为环境／自然资源、历史／文化资源、设施／经济活动／社区活动资源，小类可以具体分为 29 个增强因素、16 个阻碍因素，以及单独的 74 个增强要素和 31 个阻碍要素。金善姬为使沿海和渔村的舒适度资源分类与其他区域保持平衡，将资源分为自然资源（包括自然和景观）、文化资源（历史和文化）和社会资源（经济和社区），并进一步将其划分为商品资源和整体性资源。⑤

韩国农村振兴厅对农村舒适度资源的分类则采取了更具体的指标。首先将其分为自然资源、文化资源和社会资源三大类。在自然资源中，又细分为环境

① 许技术.农村舒适度资源化的价值评价方案 [J].农渔村和环境，2001（73）：42-50.

② 李相文.基于居民参与性挖掘的农村舒适度资源方案研究 [J].农渔村和环境，2001，11（4）：33-41.

③ 金正燮.农村发展和舒适度：国际研究动向和含义 [J] 农渔村和环境，2002，11（4）：22-32.

④ 崔秀明.农村舒适度资源高效保护与资源化方向研究 [J].农村生活科学，2002，23（3）：46-51.

⑤ 金善姬.为改善未来生活质量的国土舒适度发掘和创造战略研究：第一卷总括报告书 [R].首尔：国土研究院，2007.

管理设施资源、地形资源、水资源、动物资源和植物资源；在文化资源中，又细分为传统资源和景观资源；在社会资源中，又细分为设施资源、特产资源和共同体资源。

由于对舒适度的定义存在分歧，学者对舒适度的构成要素给出了各式各样的分类。例如，Glaeser E L 等认为，城市舒适度包含服务和消费市场、城市形象与自然环境、公共服务、交通和通讯设施 4 个核心要素。[①]Clark T N 等则将舒适度视为自然环境、人工设施、社会经济结构以及社会氛围 4 个方面，并强调社会氛围的重要性。[②]其他学者也支持这种观点，并将城市舒适度细分为自然环境、城市公共服务、城市基础设施、环境卫生、休闲环境和社会氛围。

金炳国选取了 55 个韩国城市，从公共安全、自然人口环境、卫生社会等 6 个领域分析了舒适度的构成。[③]这些领域进一步细分为 17 个子领域和 37 个指标，以安全性、舒适性、便利性和健康性 4 个标准来评估城市生活环境。韩国《中央日报》在《全国 74 个市生活质量分析比较评价资料集》中强调，建设具有生活气息的城市比单纯建设有竞争力的城市更为重要，并对 74 个城市的生活、健康、安全、经济、文化和教育福利 6 个领域、36 个指标进行了分析。

金龙洙和林元贤以大邱市周边的 16 个公园绿地为例，通过细致的现场调查，分析了各公园绿地的舒适度资源，并依据资源和设施层次进行了分类。[④]这项研究揭示了吸引使用者的要素与娱乐便利性之间的关联，为优化城市绿色空间规划提供了实证基础。1994 年，釜山市推出的《釜山舒适度规划综合计划》是舒适度概念在城市规划中的一个重要应用案例，它将舒适度细分为自然资源、公园绿地、历史遗产、生活设施和文化资源五大类别，为城市综合舒适度提升提供了框架。朴斗熙在 1996 年从公共服务、交通、便利性、安全和舒

---

① Glaeser E L, Kolko J, Saiz A. Consumer and cities[M]//Clark T N. The city as an entertainment machine. New York: Elsevier, 2004: 178-179.

② Clark T N, Lloyd R, Wong K K, et al. Amenities drive urban growth[J]. Journal of Urban Affairs, 2002, 24（5）: 493-515.

③ 金炳国. 城市生活环境指标测定相关研究 [D]. 首尔: 建国大学, 1989: 38-52.

④ 金龙洙, 林元贤. 城市居民娱乐空间的舒适度资源分析 [J]. 韩国造景学会杂志, 1992, 20（2）: 27-42.

适性等更实用的维度重新界定了城市舒适度，为城市规划提供了更具操作性的指导。[①]

2001年，韩国建设交通部对舒适度进行了官方界定，明确其有广义与狭义之分。狭义上的舒适度主要涉及直接影响生活质量的物理环境因素，如空气质量、水资源、阳光、噪声控制、绿地和景观。社会舒适度，概括来说，包括社会安全、社区包容性、文化多样性及居民教育水平等，具体体现为低犯罪率、优质公共服务、人们普遍语言交流能力等，这些都是构建和谐社会环境不可或缺的要素。

综上所述，以往的研究已对构成城市与农村舒适度的要素进行了深入探讨，这些要素包括卫生性、安全性、舒适性、环境性、社会性以及文化性。

金恩子和李容焕[②]以及金智仁[③]在相关舒适度研究的基础上，对舒适度的评价因素重新进行了总结，结果如表3-1所示。

表3-1 重构舒适度的评价因素

研究人员	内　容
金恩子和李容焕	舒适性＋保健性＋卫生性＋稳定性＋便利性＋功能性＝舒适性
	环境性＝生态自然环境性
	历史性＋文化性＋社会性＋依恋＝社会文化性
	经济性＝经济性
	审美性＋一致性＋趣味性＋多样性＝协调性

① 朴斗熙．根据经济及舒适度水平研究韩国城市差距 [D]．光州：朝鲜大学，1996．

② 金恩子，李容焕．农村舒适度评价标准开发研究 [J]．农业教育和人力资源开发，2007，39（3）：125-154．

③ 金智仁．海岛旅游舒适度的概念化与量表开发 [D]．木浦：木浦大学，2011．

续表

研究人员	内　容
金智仁	舒适性＋保健性＋卫生性＋便利性＋安全性＝舒适性
	经济性＝经济性
	固有性＋多样性＝固有性
	功能性＋一致性＝功能性
	审美性＋趣味性＝审美性
	文化性＋历史性＝文化性
	社会性＋依恋＝社会性
	环保性＝环保性

本书对先前的舒适度研究进行了回顾，特别关注了那些出现频率较高的评价因素，包括卫生性、安全性、舒适性、环境性、便利性、社会性及文化性。

三、海洋舒适度

在当前学术界，海洋舒适度作为一个相对新颖的概念，其定义和度量标准仍在探索阶段。本书尝试在海洋旅游的广阔背景下，从海边、海上、海中及海底等维度，系统性地审视与海洋、岛屿、渔村及海滨相关的舒适度概念。崔容福在2012年的研究中，选择了济州岛周围的5个小型岛屿——下楸子岛、飞扬岛、鸟岛、车归岛和文岛——作为案例，对这些岛屿的森林资源管理方案中的舒适度概念进行了实证分析，特别聚焦对人文社会资源和文化资源的调查，为岛屿提升舒适度的实践提供了基础。[①]金智仁构建了海岛旅游舒适度的概念框架，并开发了相应的评估量表。[②]她将海岛旅游舒适度的评估维度划分为6个，即固有性、功能性、审美性、环保性、文化性和社会性。在后续研究中金智仁通过层次分析法（Analytic Hierachy Process, AHP）进一步详细分析了这些因素的优先级，明确了在海岛旅游舒适度评价中，固有性（如自然风光的独

[①] 崔容福.基于岛屿舒适度开发的森林资源实态调查研究：以济州岛5个附属岛，下楸子岛、飞扬岛、鸟岛、车归岛、文岛为例 [J].韩国山林休养学会杂志，2012，16（2）：133-141.

[②] 金智仁.海岛旅游舒适度的概念化与量表开发 [D].木浦：木浦大学，2011.

特性和感官体验）、功能性（如海洋活动的丰富度）、审美性（体验的自由度和新鲜感）、环保性（环境保护与可持续性）以及综合文化社会性（文化沉浸度与社区互动）是至关重要的考量因素，共涉及 17 项具体评价指标，为理解和提升海岛旅游的舒适度提供了系统的理论依据和实践指导。[1]

舒适度这一概念蕴含了地理位置的实体特征与抽象体验双重维度，两者共同作用于个体对特定区域的整体感知，进而提升其满意度和体验质量。要提升舒适度，需要满足用户需求，让用户获得良好感受。因此，海滩管理策略应当紧密围绕用户需求定制，具体包括如下几点。

（1）识别使用者动机：明确游客访问海滩的目的，是纯粹的休闲放松，还是参与特定活动（如冲浪、日光浴或家庭聚会），这是制定有效管理策略的出发点。

（2）分析使用频次与模式：了解不同用户群体的访问频率及其偏好时段，有助于合理安排维护时间与服务时间，以最大化提升用户体验。

（3）洞悉用户认知与期望：深入了解用户对海滩的主观认知和他们对管理措施的期望，可以帮助管理者提供更加贴近需求的服务与环境。

（4）提供定制化服务：根据使用者的具体需求，提供和完善设施与服务，如清洁设施、安全监管、休闲娱乐设施。

以美国马萨诸塞州克雷恩海滩为例，近年来马萨诸塞州克雷恩海滩的相关管理部门通过频繁的游客调查，积累了大量宝贵数据。这些数据不仅揭示了游客的到访原因（如享受独特自然景观、优良的沙质和水质），还涉及游客对海滩设施的满意度及与周边环境的比较。此外，美国沿海沉积物管理工作组利用地理信息系统（GIS）进行海滩沉积物管理的评估，这种方法通过综合分析水质、海滩保养状况、环境质量、配套服务等多种因素，评估海滩当前的娱乐价值及潜在增值空间，展现了技术在提升海滩舒适度中的重要作用。随着时间的推移，海滩评价体系经历了显著的变革，从最初仅关注水质等基础环境指标，扩展到现在包含水质、可达性、设施完善度、服务质量及周边环境等多维度指

---

① 金智仁.基于 AHP 分析的岛屿旅游舒适度评价因素的优先顺序研究 [J]. 人文社会，2015，6（2）：301-318.

标的综合评价体系。这种变化促使海滩管理更加科学、全面，为公众提供了更高品质的休闲体验。

海滩维护面临的核心挑战之一是有效管理海滩垃圾，这不仅涉及日常的清理工作，还需应对垃圾来源的多样性。海洋与海岸垃圾作为人类活动的副产品，不仅源于海滩游客的直接遗弃，还可能源于风力、水流等的输送，这对海滩及邻近海洋生态系统的健康构成了严重威胁，并可能损害海滩的审美价值、降低旅游吸引力。

确保海滩游客安全是管理工作的首要任务，这要求对水质监测与净化，紧急救援服务的配置，基础设施（如淋浴间、公共卫生间）的维护，高效的垃圾收集、应急响应机制的建立，进行全方位考虑。安全措施的到位直接关系到海滩的使用体验和游客的生命安全。关于海滩的便利性与价值评估，内田唯史等学者的研究突出了接近自然景观、亲水性、自然保育以及娱乐活动的便利性等关键因素，这些是提升海滩吸引力和游客满意度的重要方面。杨维柱则从空间结构和视觉景观的维度，进一步将海洋景观的便利性细分为活力（如活动的多样性）、稳定性（环境的可持续性）和熟悉性（文化的亲近感），这些分类有助于更深入地理解游客需求和偏好。

新西兰环境部确定了 10 项沿海便利性要素，包括但不限于公共安全、文化遗产保护、空间布局合理性、邻里社群的和谐、交通可达性与流动性、健康环境的维持、社区凝聚力、经济效益、美学享受以及社会基础设施的完善，这一框架为海滩及海岸区域的综合管理提供了全面的指导方针，强调了多维度协同考虑的重要性，以促进可持续发展和增进公众福祉。全面理解海岸系统特性及动态，包括物理、化学和生物学方面的相互作用，以及海滩游客的需求和环境管理措施，是十分重要的。对于整体海岸管理策略而言，认识不同海滩系统间的相互作用是基础。Mohamad D 和 Jaafar M 在对兰卡威岛的研究中，通过分析旅游和交通设施，探讨了海洋舒适度的多个维度，特别是住宿设施的质量和公共交通的便捷性，这些都是直接影响游客体验的因素。①Parmawati R 等在研究特伦加勒县瓦图利莫地区的海洋旅游时，着重研究自然景观的吸引力、环境清洁度和交通可达性，这些因素被认为是促进该地区旅游业发挥发展潜力和制定相应发展策略的关键。②

金民秀和全镇浩基于 SWOT-AHP 分析方法，为韩国江原道东海岸提出了以提高海洋舒适度为导向的发展战略，旨在通过改善旅游服务和设施，提升区域的整体质量，从而提高游客和居民的满意度。③Todd D J 和 Bowa K 在对澳大利亚黄金海岸的海滩健康指数开发中，评估了多个与海洋舒适度相关的指标，包括水质、沙滩清洁度、游泳安全、景观保护、设施完善度、海滩面积、人群拥挤程度、公共管理效率、风暴防护设施及沙丘状况，这一体系全面覆盖了影响海滩舒适度的各个方面。④Ariza E 等从自然特征、管理实践和娱乐活动 3 个维度对佛罗里达州的海滩管理进行了分类，通过评估利益相关者的观点，为海滩功能管理提供了重要的视角。⑤整体来看，这些研究共同强调了海洋舒适度和海岸管理的复杂性，涉及多个相互作用的层面，包括环境质量、设施服务、社区参与和管理策略，均为促进海岸地区旅游吸引力提升和可持续发展提供了重要指导。

Chen Chung-Ling 和 Bau Yi-Ping 构建了一个多准则评价结构来评估中国台湾旅游海滩的便利性，该结构包括 4 个核心内容：海滩环境卫生（水质标准、

① Mohamad D, Jaafar M. Comfort level of physical infrastructure provision in Langkawi island: Viewing through the lens of tourism and transportation facilities[J]. Research Journal of Fisheries and Hydrobiology, 2016, 11（3）: 38-44.

② Parmawati R, Leksono A S, Yanuwiadi B, et al. Exploration of marine tourism in Watulimo, Trenggalek Regency: Challenges, potentials, and development strategies[J]. Journal of Indonesian Tourism and Development Studies, 2017, 5（3）: 175-184.

③ 金民秀，全镇浩. 基于 SWOT-AHP 方法的江原道东海岸旅游事业发展战略研究 [J]. 旅游研究杂志, 2016, 30（6）: 85-97.

④ Todd D J, Bowa K. Development of beach health index for the Gold Coast, Australia[J]. Journal of Coastal Research, 2016（75）: 710-714.

⑤ Ariza E, Lindeman K C, Mozumder P, et al. Beach management in Florida: Assessing stakeholder perceptions on governance[J]. Ocean & Coastal Management, 2014（96）: 82-93.

垃圾处理及海滩清洁维护）、安全性能（保证取水安全、入口与海滩内部的安全措施、救生员配备与救援设施）、保护与管理措施（多元用途管理、沉积物与生态环境管理、紧急应对计划、浴场管理及地域价值提升）以及设施与服务供给（可持续交通选项、信息服务、停车场、垃圾分类回收、卫生间与淋浴设施等）。①Micallef A 等针对西班牙安达卢西亚地中海沿岸的 27 个海滩进行了用户满意度调研，结果显示游客对度假村和城市海滩的信息传递及易达性感到满意，相比之下，对偏远和乡村海滩在信息传递及易达性方面的满意度较低。②调查指出，不论海滩类型如何，游客普遍反映缺乏有关安全信息的通报，包括游泳安全条件、水质检测结果和紧急应对信息。尽管如此，绝大多数受访海滩在水质和清洁度上得到了游客的高度评价，尤其是那些远离市区的海滩，游客对安全、清洁、设施、景观和水质等所有评估方面均有更高的满意度。Dodds R 和 Holmes M R 在分析海滩设施满意度时，考虑了一系列影响因素，如卫生间与更衣室的可用性、环境教育项目的提供、是否允许宠物狗进入的区域、有明确标识的游泳区域、垃圾与回收设施的设置、无障碍设施的完善程度，同时评估了游客对海滩清洁维护（如海边垃圾处理）的满意水平，这些研究共同强调了综合管理策略对于提升海滩游客体验的重要性。③

　　Adnyana I W E 等在研究中强调，成功发展生态旅游区需要预先评估旅游地的吸引力（Appeal）、可达性（Accessibility）、便利性（Amenities）和辅助性（Auxiliary services），即 4A 原则。④游客对旅游产品在景点（Attractions）、辅助服务（Auxiliaries）、设施（Amenities）、住宿（Accommodations）这 4

① Chen Chung-Ling, Bau Yi-Ping. Establishing a multi-criteria evaluation structure for tourist beaches in Taiwan: A foundation for sustainable beach tourism[J]. Ocean & Coastal Management, 2016（121）: 80-96.

② Micallef A, Williams A T, Gallego Fernandez J B. Bathing area quality and landscape evaluation on the Mediterranean coast of Andalucia, Spain[J]. Journal of Coastal Research, 2011（61）: 87-95.

③ Dodds R, Holmes M R. Beach tourists: what factors satisfy them and drive them to return[J]. Ocean & Coastal Management, 2019, 168: 158-166.

④ Adnyana I W E, Budarma I K, Murni N G N S. Developing Kampoeng Kepiting Ecotourism Tuban using 4a components[J]. International Journal of Glocal Tourism, 2022, 3（1）: 20-27.

个维度的正面认知，对提升整体旅游体验至关重要。Ricardianto P 等则从可达性条件对游客满意度的影响入手，对印度尼西亚马鲁古省海洋旅游的吸引力进行评价。[①] 他们从多个维度进行分析，指出良好的交通可达性，便捷的网络服务，多样的旅游产品，迷人的海滩风光，丰富的海洋旅游资源，独特的文化遗产和习俗，具有教育意义的历史遗址和博物馆，引人入胜的历史遗迹，地道美食，热情的当地居民，充足的住宿场所、餐厅和休息场所，高效的信息服务，都是影响游客满意度的关键因素。海洋旅游对经济发展和生态保护同样重要，它提供了广泛的生态产品与服务，如水质管理、视觉景观保护、海滩休闲活动和物流配送渠道。旅游设施的品质、价格和供应量，餐饮服务的质量、价格及卫生标准，购物设施的便利性和可达性，以及公共设施（道路、电力、供水、卫生、污水处理、通信、交通、金融等），对旅游吸引力的显著影响。他进一步强调，旅游地的便利性、可达性、舒适度和安全性是构成海滩旅游目的地吸引力的基本要素，这些要素共同决定了游客的体验质量和满意度。

在旅游开发领域，确保旅游体验的高品质是至关重要的，其中完善的设施是吸引并留住游客的核心要素。设施的缺失或不足极有可能导致游客满意度下降，并促使他们去其他目的地。海洋旅游的魅力不仅源自其得天独厚的气候条件，还源自其海滩的卓越品质和丰富的自然资源。全球范围内，追求阳光（Sun）、沙滩（Sand）、海浪（Sea）这"3S"休闲体验的旅游流动模式，充分证明了人们愿意从较冷地区迁徙到温暖地区，海洋的多维价值跨越了环境与经济社会两大领域，体现在其对生态平衡的维护、自然灾害缓解（如对风暴潮的天然防护）等功能上。然而，伴随而来的环境污染和过度开发问题，尤其是集中在海滩区域，对自然环境造成了威胁，同时可能引发当地社会文化层面的矛盾与冲突。Harriott V J 对海洋旅游管理进行了详尽的剖析，将其细分为多个关键领域：海滩旅游的开发活动及其导致的人口密度增加、旅游基础设施的建设（涉及游轮码头、污水处理系统和一般设施建设）、基于海洋的活动设施、船只

---

① Ricardianto P, Octaviani L, Agushinta L. How accessibility conditions in Maluku province Indonesia can affect the satisfaction of the tourists[J]. International Journal of Humanities and Social Sciences, 2019, 8（5）: 37-58.

活动对环境的影响（包括停泊、游艇靠岸、垃圾产生与废物排放问题）、水上活动的管理（如钓鱼）以及与野生动物的互动体验（观鸟、海龟观察、观赏鲸鱼等）。① 这一分类系统地概述了海洋旅游管理面临的复杂性和多维度挑战。

李震熙和韩相仁共同制订了针对济州地区海洋休闲旅游的发展计划。他们综合分析了多项优势，如海洋环境的高清洁度、四季皆宜的旅游条件、适宜的水温和稳定的波浪状态、恶劣天气下的备选活动方案、及时准确的危险预警信息、完善的配套设施、便捷的交通、经济实惠的住宿成本、专业的人员培训以及健全的保险服务体系。② 此外，他们还强调了地区居民的热情好客、高水平的海洋休闲设施、低成本的器材租赁服务、多样的海上活动设备、丰富的旅游资源及设施，这些都极大地增强了该地区海洋休闲旅游的吸引力和市场竞争力。Ullah Z 等评估了巴基斯坦乡村沿海地区旅游业的潜力，重点关注了自然景观（包括壮观的风景、宜人的气候、清澈的、美丽的海滩、丰富的野生动植物）、文化遗产（如历史遗迹、传统手工艺、节日庆典和地方美食）、旅游服务设施（住宿、餐饮、购物和娱乐设施）、旅行中介服务、基础交通网络（机场、道路安全）以及旅游者个人安全等关键领域。③ 他们还从低健康风险（如基本医疗保障和疾病预防）、自然和文化遗产的独特性角度评价了沿海景观的价值。小寺伦明探讨了利用地区资源激活沿海地区经济的可能性，特别是在山阴海岸地质公园的区域发展方面，考虑了自然环境的保护与利用、商业旅游资源的开发、地方产业的联动效应以及地区历史文化资源的整合。④ 马艳对黄金海岸旅游资源的开发对策研究涵盖了游客满意度的多个维度，包括资源的唯一

① Harriott V J. Marine tourism impacts and their management on the Great Barrier Reef [M]. Townsville: CRC Reef Research Centre, 2002: 9-35.

② 李震熙，韩相仁. 基于 IPA 方法的济州地区海洋休闲旅游发展方案研究 [J]. 济州观光学研究，2006，10：191-208.

③ Ullah Z, Johnson D, Micallef A, et al. Coastal scenic assessment: Unlocking the potential for coastal tourism in rural Pakistan via Mediterranean developed techniques[J]. Journal of Coastal Conservation, 2010（14）：285-293.

④ 小寺伦明. 利用地区资源搞活地区经济的可能性：关于有效利用山阴海岸地质公园的地区建设的一个考察 [J]. 商大论集，2011，63：121-142.

性、旅游的便利性、消费合理性、交通网络的便捷、基础设施的完善、服务质量、卫生环境的维护，以及娱乐活动的丰富性。[①] 许靖则对海岸地形（包括滩涂、岩滩和合适的场地环境）、海洋环境（如海洋生态、海洋环境、水文条件）以及气象条件（如气候、风力、温度）等海洋旅游的便利性要素进行了评估。[②]

吴明学等从海洋休闲运动设施的多样性、娱乐设施的多样性、住宿设施的多样性、景区周边环境的舒适性、交通便利性、设施使用的便捷性、海洋休闲项目费用的合理性、信息丰富度和预约的便利性、服务人员的友好态度、景区和住宿设施的使用费用、景区氛围、当地居民的友好度、套餐商品的性价比、住宿和餐饮设施使用的便捷性、周边景区的可到达性等方面，对海洋旅游的需求价值进行了综合评价。[③] 夫昌山在海洋旅游景区的开发选址中，主要考虑了可进入性、开发便利性、自然环境和人文环境 4 个因素。[④] 其中，可进入性因素包括公共交通的便利性、距离上的优势、土地利用的合理性、购地及招商的可能性、政府的支持政策和审批程序的便捷性、周边设施的协调性；自然环境因素涉及气象、气候、地形、水深和水温等；人文环境因素则与地区传统庆典、特产、历史文化项目及旅游设施的关联性进行分类，并利用 AHP 进行了深入分析。

Handaru A W 等对旅游基础设施进行了评估，包括酒店和住宿地点、娱乐设施、餐厅与食品销售点、医疗设施、ATM 机、零售购物、供水和供电设备、洗手间、儿童游乐场、无线 Wi-Fi 覆盖、废弃物管理、道路（包括干线公路和乡村小路）、公共交通、票务和停车场服务、安全保障；同时考虑了地区文化、城市规划、网络连接、绿色环境、动物保护和庆典活动等因素。[⑤] 此外，休闲娱乐活动，如潜水、划艇、滑水、皮划艇、赛艇、冲浪、水上摩托艇、滑板、

① 马艳．基于游客满意度的黄金海岸旅游资源开发对策研究 [D]．石家庄：河北师范大学，2013．

② 许靖．浙江省海岸带旅游资源 CSS 评价 [D]．金华：浙江师范大学，2012．

③ 吴明学，权五顺，朴宇善，等．亲环境水中观光设施基础技术企划研究报告书 [R]．釜山市：韩国海洋科学技术院，2018．

④ 夫昌山．海洋观光地开发选址研究：以济州地区为中心 [J]．旅游经营研究，2019，91：855-874．

⑤ Handaru A W, Nindito M, Mukhtar S, et al. Beach attraction: Upcoming model in bangka island, indonesia[J]. Academy of Strategic Management Journal, 2019, 18（5）: 1-12.

滑翔伞，也被纳入评价范畴。

根据对海洋舒适度及满意度的相关研究，本书对海洋旅游舒适度评价要素进行了整理，具体内容如表 3-2 所示。

表 3-2　海洋旅游舒适度评价要素

来　源	评价要素
Breton F 等[①]	海边安全（是否有救生员等）、海水水质、海边淋浴及卫生间设施、垃圾回收站、急救站点
李震熙和韩相仁[②]	海洋环境、水温和波高、气象条件不佳时的替代设施、危险信息发送、相关配套设施、交通便利、费用低廉、专业人才保障、居民友好度
小寺伦明[③]	1. 自然环境：天然纪念物、气候、地形、地质、动植物等 2. 商业与观光资源：海洋、山、江河的休闲活动，温泉地、名胜古迹、景观、考察设施、旅游（室内、室外）设施、贝类、鱼类、乡土美食 3. 地方产业资源：农林水产、地方产业、地方特产等 4. 地方历史、文化、居民：活动、节庆、文化遗产、历史人物、冒险家、学者、居民
许靖[④]	1. 海岸地形：①沙滩，包括沙粒的圆度与直径，沙滩的长度与宽度；②岩滩，包括海蚀岩石、潮滩的长度及宽度；③腹地环境，包括林地、耕地、丘陵地 2. 海象：①海底状况，包括海底坡度、水下浅滩、海底暗礁；②海洋环境，包括海水的透明度与污染度；③海洋水文，包括海流、潮汐、波浪 3. 气象：①气候，包括日照时数、晴天日数、盛夏周数；②风力，包括风向、风速；③温度，包括水温、气温

① Breton F, Clapés J, Marquès A, et al. The recreational use of beaches and consequences for the development of new trends in management: The case of the beaches of the Metropolitan Region of Barcelona (Catalonia, Spain)[J]. Ocean & Coastal Management, 1996, 32（3）: 153-180.

② 李震熙，韩相仁. 基于 IPA 方法的济州地区海洋休闲旅游发展方案研究 [J]. 济州观光学研究，2006, 10: 191-208.

③ 小寺伦明. 利用地区资源搞活地区经济的可能性：关于有效利用山阴海岸地质公园的地区建设的一个考察 [J]. 商大论集，2011, 63: 121-142.

④ 许靖. 浙江省海岸带旅游资源 CSS 评价 [D]. 金华：浙江师范大学，2012.

续表

来　源	评价要素
马艳①	1. 景区资源特色，包括沙滩质量、水质保护、风景优美程度、休闲观赏性 2. 景区方便程度，包括用餐方便、位置 3. 旅游消费，包括餐饮价格、住宿价格、商品价格 4. 旅游景区可进入性，包括城市公交、景区通勤情况、景区线路安排 5. 基础设施建设，包括公共休息设施、公共卫生间、安全标识、指示标识 6. 景区配套服务特色，包括菜品特色、海上娱乐特色、商品特色 7. 周边卫生环境，包括用餐卫生、住宿卫生、景区周围治安情况、舒适性 8. 景区服务质量管理，包括服务质量、服务态度、旅游投诉处理情况、景区解说 9. 休闲娱乐性，包括娱乐活动丰富性、娱乐文化性、景区活动参与性
金振勋等②	主要是消费者需求价值，包括海洋休闲运动设施多样性、娱乐设施多样性、住宿设施多样性、旅游景区周边环境舒适性、交通便利性、设施使用便利、海洋休闲项目使用费、信息丰富、预约便利、服务人员亲切、旅游景观、套餐产品价格低廉，住宿和餐饮设施使用便利，周边旅游景区可及性
上原拓郎和峰尾惠人③	1. 供给服务 2. 协调服务，包括气候调整（如碳固定）、缓解局部灾害（如缓解暴风雨）、废弃物处理、水质净化、防止侵蚀 3. 栖息与繁育地服务，包括栖息及繁育环境共生、遗传因子保全－生物多样性保全、基础服务 4. 文化服务，包括美观信息—形成理想的景观、休闲—娱乐（不含抓贝壳）、旅游－狩猎/钓鱼（含抓贝壳）、文化服务 5. 服务多样性

① 马艳. 基于游客满意度的黄金海岸旅游资源开发对策研究 [D]. 石家庄：河北师范大学，2013.

② 金振勋，卢正哲，金基泰. 庆州海洋观光产业的竞争力强化的蓝海战略研究 [J]. 旅游研究，2014，28（6）：59-81.

③ 上原拓郎，峰尾惠人. 国内沿岸区域生态系统服务经济评价研究的数据库构建与评价研究指南 [J]. 政策科学，2016，23（2）：57-68.

续表

来　源	评价要素
苏国摄 [1]	1. 自然观光设施，包括种植园 / 植物园、环境保护设施、自然体验设施、海女体验设施 2. 大众观光设施，包括大型游乐园、大型度假村、海水浴场扩建、大型酒店园区 3. 特别观光设施，包括赛马俱乐部、海洋运动设施、影视拍摄地
Chen Chung-Ling 和 Bau Yi-Ping [2]	1. 环境清洁度，包括水质标准、废物排放、海滩清洁度 2. 安全性，包括海鲜捕捞体验安全性、海边接近安全性、配备救生员和救生设备 3. 海岸保护与管理，包括堆积物及栖息地管理、紧急措施处理、海水浴场管理等 4. 设施与服务，包括交通工具、信息提供、停车位、废弃物处理箱及回收箱、卫生间及淋浴设施
Todd D J 和 Bowa K [3]	水质、沙滩整洁度、游泳安全性、景观环境状况、设施、海水浴场的面积、拥挤程度、公共管理、风暴缓冲设施、沙丘质量
权大坤和李静 [4]	1. 体验性，包括研学项目与体验项目的适当性、活动的多样性、旅游景点内游览线路的合理性、相关旅游信息的合理性 2. 亲睦性，包括村庄居民亲切度、景点的可接近性、与村庄氛围的协调性 3. 多样性，包括景区的复杂程度、土特产采购、易用性、景区的可靠性、景区清洁度 4. 景观性，包括景区主题的一贯性、自然性与生态性（大海、山）的协调性、文化魅力 5. 服务，包括餐饮价格适当性、便利设施（休息空间、卫生间等）设置的适当性等

[1] 苏国摄 . 基于旅游开发偏好类型的策略性海岸旅游开发：以釜山五日岛（Oryukdo）游客为中心 [J]. 旅游研究期刊, 2015, 29（1）：5-17.

[2] Chen Chung-Ling, Bau Yi-Ping. Establishing a multi-criteria evaluation structure for tourist beaches in Taiwan: A foundation for sustainable beach tourism[J]. Ocean & Coastal Management, 2016（121）：88-96.

[3] Todd D J, Bowa K. Development of beach health index for the Gold Coast, Australia[J]. Journal of Coastal Research, 2016 （75）：710-714.

[4] 权大坤, 李静 . 海岸景观利用者的选择属性的重要性、满意度分析：以南海多浪里村为对象 [J]. 图书文化, 2016, 47：145-167.

续表

来　源	评价要素
Mohamad D 和 Jaafar M[①]	住宿设施数量，公共设施数量及质量，建筑设计的独特性，公共交通的数量及便利性，合理设置公共厕所、医院、信息中心、警察局等
Parmawati R 等[②]	美丽的自然景观、环境清洁度、交通便利性、可及性、道路质量、旅游交通便利性、便利设施（公共厕所、停车位等）、服务质量、旅游咨询设施等
安智允和 杨为主[③]	1. 自然景观，包括海水浴场数、海岸环路长度、海岸线长度、海洋保护区数 2. 文化资源，包括地区节庆数、文化遗产数、渔村体验村数、灯塔数、博物馆 / 展示馆数 3. 法定观光地，包括旅游景点认定个数、旅游特区认定个数、旅游园区认定个数 4. 住宿设施，包括住宿业客房数、渔民民宿数量 5. 交通设施，包括公共交通接近性、有无城市交通、游轮码头数 6. 休闲运动，包括垂钓渔船数、水上休闲场所数、水中休闲场所数、游轮数、海洋休闲运动体验教室数、钓鱼场所数 7. 安全与信息，包括海洋旅游安全事故发生件数，海洋警察数，有无旅游警察、旅游咨询处

①　Mohamad D, Jaafar M. Comfort level of physical infrastructure provision in Langkawi island: Viewing through the lens of tourism and transportation facilities[J]. Research Journal of Fisheries and Hydrobiology, 2016, 11（3）: 38-44.

②　Parmawati R, Leksono A S, Yanuwiadi B, et al. Exploration of marine tourism in Watulimo, Trenggalek Regency: Challenges, potentials, and development strategies[J]. Journal of Indonesian Tourism and Development Studies, 2017, 5（3）: 175-184.

③　安智允，杨为主 . 海洋城市旅游目的地的海洋旅游竞争力供给指数比较分析：以釜山和仁川为中心 [J]. 东北亚旅游研究，2020, 16（2）: 25-38.

续表

来　源	评价要素
李怿辰[1]	1. 旅游资源条件：①水文景观，如海水质量、海水温度、海上活动适宜性、海河观赏性、可游憩海域价值、海鲜产品美味性；②地文景观，如浴场数量、海岸带长度、沙滩舒适度、海蚀地貌景观价值、科考价值；③生物景观，如水生动物种类、植被数量、森林覆盖率；④天象与气候景观，如空气质量、气候舒适度、旅游适宜期、避暑地价值、日月星辰观赏价值、气象灾害发生频率；⑤人文景观，如历史遗迹文化价值、宗教遗址观赏价值、建筑设施游览价值、地方民俗吸引力、民间节庆活动吸引力、特色旅游产品吸引力 2. 开发条件：①自然环境条件，如居民生活环境质量、垃圾处理条件、淡水资源条件、环境承载力；②社会经济条件，如区域经济水平、政府相关政策支持、当地居民态度、社会治安情况、知名度；③旅游基础设施条件，如食宿条件、娱乐设施条件、购物设施条件、景点聚集度、安全性、从业人员素质、服务水平；④客源条件，如游客结构、游客规模、其他客源国游客数量、消费需求 3. 区位特征：①可达性，如与其他相邻城市距离、交通耗时、交通费用；②与周边旅游地的关系，如与周围地区旅游资源的差异性、淡旺季同步性，市场开发潜力，与附近旅游景区的距离、竞合关系

第三节　海洋旅游舒适度的构成要素

本书在舒适度相关研究的基础之上，综合考虑了海洋旅游舒适度的评价要素和内容，并结合对海洋旅游景点特性的分析以及相关前沿研究，将海洋旅游舒适度要素细分为 6 个，即安全性、舒适性、环境性、便利性、社会性及文化性，具体内容如表 3-3 所示。

---

[1] 李怿辰. 全域旅游背景下营口黄金海岸带滨海旅游资源评价与开发研究 [D]. 沈阳：沈阳师范大学，2021.

表 3-3　海洋旅游舒适度评价要素

评价要素	内　容
安全性	1.海岸地区是否安全，不受犯罪及灾害威胁 2.使用娱乐设施及海上运动设施时不用担心安全问题 3.海水浴场有数量充足的救生设备 4.发生危险时能够比较容易地请求帮助 5.不用担心海岸道路交通安全
舒适性	1.空气和水质等干净 2.海岸地区没有不好的味道（如海草、鱼类腐烂的味道） 3.海岸旅游地内游客不拥挤，感到舒畅 4.使用海水浴场时，没有蚊虫、螨虫、海蜇等困扰
环境性	1.海岸自然环境没有被破坏，得到了很好的保护 2.海边建筑物和设施等亲近自然 3.海岸旅游景区没有破坏环境的因素（如废水、树枝残骸、垃圾） 4.开发海水浴场时比较好地保留了自然地形
便利性	1.海水浴场有数量充足的便利设施（如公共厕所、洗澡间、休息间） 2.海岸旅游地周边餐饮设施齐全（如餐馆、咖啡厅、便利店） 3.海岸旅游地旅游服务设施齐全（如指示牌、旅游地图） 4.海岸旅游地周边公交车、出租车等公共交通工具使用便利 5.在海岸旅游地内能够便捷地使用无线网络
社会性	1.当地居民对游客态度亲切 2.当地居民对海岸旅游地的历史文化比较了解 3.当地政府积极支持海岸以及海洋旅游
文化性	1.能够直接体验海洋文化 2.能够直接参观当地传统建筑以及历史遗迹 3.能够直接参与当地海边文化节庆活动 4.能够直接体验海上休闲运动

第四章 海洋旅游感知价值

第一节 海洋旅游感知价值的概念与意义

价值指从产品或服务中预期获取的益处或优势。它是评判事物的重要标尺，影响个人选择与行动。尤其在商业领域，感知价值作为一个核心概念，可以帮助人们深入剖析消费者决策的内在机制。价值的内涵丰富多元，既可体现为个人秉持的原则信念或生活终极追求的个人价值观，又可具体化为消费情境下的消费价值、顾客价值等。从更广泛的视角来看，消费价值根植于个人如何通过社会互动、经济交易及物品占有与使用来实现自我价值的理念，正如旅行被视为追求个人愉悦的一种方式，消费亦被视为达成个人价值目标的途径之一。①

Zeithaml V A 在其研究中将价值进一步细分为 4 个方面，强调了价值感知的多维性。②首要方面是经济效益，这不仅与产品的内在特质（如耐用性、功能）和外在表现（如包装设计、色彩）有关，还与更高层次的抽象获益有关（如品牌信任、购买便利性及企业形象）。值得注意的是，某些产品内在属性虽

① Sheth J N, Newman B I, Gross B L. Why we buy what we buy: A theory of consumption values[J]. Journal of Business Research, 1991, 22（2）: 159-170.
② Zeithaml V A. Consumer perceptions of price, quality, and value: A means-end model and synthesis of evidence[J]. Journal of Marketing, 1988, 52（3）: 2-22.

不直接影响顾客的直观价值感知，却能间接通过提升外在特性和符合顾客深层次需求，从而增强整体价值感。

感知价值涉及货币与非货币成本。顾客在获取产品或服务过程中，考虑的不仅是直接的货币成本，还包括时间成本、精力消耗及其他无形投资。对于那些对价格敏感的顾客，降低货币价值是提升其感知价值的关键；而对于那些对价格不那么敏感的顾客，减少他们在时间和精神上的投入则更有助于提升感知价值。外部特性，如品牌声誉、包装设计及社会认可度，充当价值信号，它们简化了顾客的决策过程，降低了认知负荷。在评估产品价值时，顾客对于构成产品的多个要素的认知能力有限，他们往往不会深入思考价格和利益，而是通过一些暗示"不经意间"形成自己的价值观念，仅对获取的信息进行有限处理，然后做出购买决策。顾客忠诚于重复购买的品牌，利用外部价值暗示简化选择过程。

顾客的价值感知是一个依赖于评价的参考系统，即依赖于评价的背景。[①]比如，根据购买地点、购买时间、消费时间和地点的不同，顾客对价值的感知也会有所不同。这表明顾客对价值的感知是活跃和动态的。

企业逐渐从20世纪70年代以产品为中心、注重质量、面向顾客、追求顾客满意和忠诚，转变为90年代关注顾客感知价值，这是企业追求竞争优势的必然趋势。对顾客感知价值的研究揭示了自20世纪90年代以来，外国学者和企业家共同关注的议题，这是企业不断追求竞争优势的合理、必然结果。迈克尔·波特在《竞争优势》一书中指出："竞争优势最终来源于企业为顾客创造的价值。"Woodruff R B 也提出"顾客感知到的价值是下一个竞争优势的来源"。[②]在20世纪90年代，为企业提供卓越价值的能力成为最成功的竞争战略之一。最大限度地、有效地将资源转换为顾客感知到的价值，将成为构建企业核心竞争力的基础。顾客感知到的价值理论不仅为企业营销提供了新的创意和方法，

① 高旭，吴泗宗. 购物网站顾客价值影响因素分析 [J]. 山东社会科学，2013（3）：150-153.

② Woodruff R B. Customer value: The next source for competitive advantage[J]. Journal of the Academy of Marketing Science, 1997, 25（2）：139-153.

还为企业构建核心竞争力提供了理论支持。因此，为客户提供优质的感知价值是企业竞争优势的根本，培育基于客户感知价值的企业核心竞争力对企业发展具有重要的现实意义。现有价值的研究是一个广泛的概念，人们对价值概念的研究一直围绕以交易价值（交易价格）表示的经济层面和影响商品选择的认知和理性的心理层面。

价值通常指的是个人深信不疑的原则，它们对于指导个人做出生活抉择、设定优先级及行为准则至关重要。每个人的内心都有一套独特的价值观体系，这套体系无意识地影响着其态度与行为，帮助人们理解和预测个体的行为模式。个体并不只拥有单一价值观，而是拥有由多个价值观构成的复杂体系。在不同的情境下，这些价值观的重要性可能会有所不同，但它们可以同时对个体的心态和行为产生影响。

价值体现为消费者期待从产品或服务中获取的所有利益和优惠。价值的本质并非产品本身的属性，而是源自消费者使用产品过程中的体验。这种体验是产品特性和用户交互共同作用的结果，既包含实际效用，又涵盖社会和情感层面的要素。

消费者对价值的感知可以从 2 个维度来理解。首先，是基于经济考量的一般评价标准，即费用与收益之间的权衡。消费者感知的价值在于支付价格与产品带来的质量和效用之间的平衡，即费用与所得益处的权衡。也就是说，消费者在购买产品或服务时，会衡量所得到的好处与所支付的代价，判断其是否具有价值，并期望这种购买经验是有价值的。其次，消费者对价值的认知不仅限于经济方面，还包括经验方面，因此价值是一个多维度的概念。Chaudhuri A 和 Holbrook M B 进一步区分了价值的 2 个维度——实用价值（关注产品或服务的功能性和合理性）与娱乐价值（强调产品的象征意义、情感体验及对消费者形象的正面影响）。[①]感知价值作为连接消费者预期与实际体验的桥梁，不仅体现在经济回报的考量上，还涵盖了情感、社会和个性表达等多个维度。早

---

① Chaudhuri A, Holbrook M B. The chain of effects from brand trust and brand affect to brand performance: The role of brand loyalty[J]. Journal of Marketing, 2001, 65（2）: 81-93.

期人们将感知价值视为顾客从商品或服务中获得的综合利益，后来人们对感知价值的认识不断深化，将其视为预测和解释消费者行为意图不可或缺的工具。

在经营学领域，价值是一个核心概念，它涉及顾客对产品或服务的认知和评价。Bolton R N 和 Drew J H 提出，顾客感知价值是一个抽象概念，体现为顾客从购买中获得的收益与其付出的成本之间的相对关系。①Hankinson G 探讨了顾客价值，尽管未直接给出定义，但其研究突出了目的地品牌形象对商业旅游者感知价值的影响。②Pihlström M 和 Brush G J 强调感知价值在预测消费者行为中的重要性，指出它涵盖对信息和娱乐移动服务的心理感受价值，以及成本效益的权衡。③因此，顾客感知到的价值是他们主观评价的产品或服务的效用性减去取得产品或服务时需要支付的费用。这种感知价值是顾客对产品或服务价值的特定认知，与一般意义上的客观价值有所不同。

顾客认知的价值在于评估购买产品时支付的价格是否与所获得的质量和效用相符。Sheth J N 等提出了一个更广泛的感知价值框架，认为消费者的选择基于对多种消费价值的综合考量，这些价值在具体情境下独立且协同作用，深刻影响消费决策。④感知价值在消费者的认知和行为过程中充当了参照点，并在解释消费行为方面扮演了关键角色。李正奎和潘正花在分析文化观光客市场细分和选择行为时，强调了即时价值的重要性，即决策时刻起决定作用的价值标准对理解旅游者的偏好和选择具有关键意义。⑤

感知价值体现了个人从对产品或服务中所获得利益与为此付出的成本之间的主观评价，可以激励消费者做出消费行为。Dodds W B 指出，消费者通过评

① Bolton R N, Drew J H. A multistage model of customers' assessments of service quality and value[J]. Journal of Consumer Research, 1991, 17 (4) : 375-384.

② Hankinson G. Destination brand images: A business tourism perspective[J]. Journal of Services Marketing, 2005, 19 (1) : 24-32.

③ Pihlström M, Brush G J. Comparing the perceived value of information and entertainment mobile services[J]. Psychology & Marketing, 2008, 25 (8) : 732-755.

④ Sheth J N, Newman B I, Gross B L. Why we buy what we buy: A theory of consumption values[J]. Journal of Business Research, 1991, 22 (2) : 159-170.

⑤ 李正奎, 潘正花. 根据文化观光客价值的市场细分和选择行为分析 [J]. 文化旅游研究, 2002, 4 (2) : 107-127.

估消费活动中的收益（如产品性能、体验享受）与成本（如价格、时间耗费）来形成对价值的认知。① 这种成本与收益的权衡，构成了对即时价值的判断基础。客户价值通常指的是企业为顾客创造的整体价值，而感知价值则是顾客对这一价值的主观评价，直接关联其购买决策过程。朱贤植等将酒店餐厅的感知价值界定为顾客对成本、便利性、服务价格以及服务质量（包括经济性、优质性和效率性）的综合评价。②

目前旅游学界尚未对感知价值有明确的定义，但学者们普遍认为，旅游价值是一个跨学科概念，它涉及心理学、社会学等多个领域的知识，强调服务感知价值的个体差异性。在旅游背景下，感知价值涉及消费者对旅游服务的全方位评估，包括金钱与非金钱成本的投入，与所体验服务的便利性和质量相比，是决定旅游目的地选择和游客满意度的关键。这种感知价值在选择旅游目的地时至关重要，也是驱动游客决策的关键因素。它为消费者提供了目标动机，引导他们的行动和判断过程，并与旅游产品投资回报的差异性相关。

近年来，旅游学研究逐渐改变将感知价值单纯视为货币价值的传统评价方式，转而采用更加全面的多维度框架，以更贴切地评估旅游体验的独特性。Sánchez J 等的研究揭示，游客对旅游商品的感知价值评估不仅包含对服务的直观评价，还涉及对旅游供应商的整体价值判断，这体现了游客目标与偏好的个性化。③ 顾客感知价值基于他们希望通过使用旅游产品实现的目标或欲望，以及他们对产品要素或体验质量的偏好程度或评价。因此，感知价值指的并非产品或服务的固有价值，而是消费者在获得服务的便利性与为之支付的费用之间进行权衡时对产品或服务价值形成的判断。

虽然不同学者对旅游感知价值这个概念有不同的定义，但 Lee C K 等认为，旅游感知价值是游客在购买旅游产品后产生的心理和情感上的评价，包括体

① Dodds W B. In search of value: How price and store name information influence buyers' product perceptions[J]. Journal of Consumer Marketing, 1991, 8（2）: 15-24.

② 朱贤植，权龙珠，李成浩.对酒店餐厅 LOHAS 形象的感知服务质量及价值、顾客满意度、忠诚度的影响关系研究［J］.酒店经营学研究，2008，17（6）: 1-18.

③ Sánchez J, Callarisa L, Rodríguez R M, et al. Perceived value of the purchase of a tourism product[J]. Tourism Management, 2006, 27（3）: 394-409.

验、交流、文化、亲切感等方面，并且这种感知价值是根据游客的满意度来衡量的。① 因此，旅游感知价值是游客在旅游体验中获得的一种主观认知或感受，可以理解为游客对旅游景点的形象、服务质量、吸引力等方面的个人主观认知或感受。

金相贤和吴尚贤融合了情感与理性 2 个层面，提出了顾客价值的概念，强调在旅游决策中情感消费（如情绪、兴趣）与理性考量的结合，丰富了对顾客价值内涵的理解。② 李明九进一步界定了旅游感知价值，将其视为游客对旅游产品综合品质的主观评估，并指出这种感知价值与游客的态度紧密相连，共同作用于后续行为意向的形成，凸显了感知价值在行为预测中的核心地位。③

孙炳模和李翰定义旅游感知价值为游客对在旅游目的地所支付的金钱和时间与所感知到的获得的价值之间进行的主观比较，强调了这种比较在旅游满意度和行动意愿形成中的调节作用。④ 崔胜顺通过调查访问韩国的中国游客，探讨了旅游景点形象和感知价值（包括情感及经济层面）对游客行动意图的影响力，突显了情感纽带和经济合理性在决策中的重要性。⑤Chen C F 和 Chen F S 指出，在文化遗产旅游中，体验质量构成感知价值的核心因素，如游览时的愉悦和幸福感，这些正面体验显著提升了游客的满意度，并进一步影响其行为意图，强调了情感体验对感知价值的提升的关键作用。⑥ 郑允熙和吴治玉研究发

① Lee C K, Yoon Y S, Lee S K. Investigating the relationships among perceived value, satisfaction, and recommendations: The case of the Korean DMZ[J]. Tourism Management, 2007, 28（1）: 204-214.

② 金相贤, 吴尚贤. 关于顾客再购买意愿、决定因素的研究: 顾客价值、顾客满意、转换费用、替代方案的魅力度[J]. 营销研究, 2002, 17（2）: 25-55.

③ 李明九. 国外旅行商品的感知价值对选择属性和旅行满足及行动意图的影响[J]. 酒店旅游研究, 2014, 16（5）: 48-68.

④ 孙炳模, 李翰. 游客旅游动机对旅游满意度及行动意愿的影响: 以干预度的调节效果为中心[J]. 旅游休闲研究, 2011, 23（3）: 23-42.

⑤ 崔胜顺. 旅游景点形象和感知价值对旅游行动意图的影响: 以访韩的中国游客为中心[J]. 旅游经营研究, 2012, 51: 267-284.

⑥ Chen C F, Chen F S. Experience quality, perceived value, satisfaction and behavioral intentions for heritage tourists[J]. Tourism Management, 2010, 31（1）: 29-35.

现，选择旅游景点时景点的属性及其产生的感知价值（如兴趣、情绪和情感等象征性收获）与旅游态度密切相关，这些因素作为更高级概念（如关心、态度、信任）的基石，可用于解释和预测个人旅游行为。[①] 因此，感知价值被视作营销策略制定中的核心考量因素，营销专家和研究者热衷于挖掘和量化感知价值的多层次结构，以指导市场细分、产品差异化和定位等策略的制定。

第二节　海洋旅游感知价值的构成要素

在价值评估领域，人们将价值的来源归结为两大类：一类是从客体本身出发，评价产品本身的价值；另一类则是由消费者主观赋予，基于其个人经验和偏好进行评价，即感知价值。

早期价值研究主要集中在有形商品上，人们认为产品的价值本质上源于其物理属性和价格，采取了一种较为单一的视角来对其进行评价，即将价值简化为效用与成本的比例关系，这种观点反映了传统经济学的一维价值理念。单一维度的价值观符合价值的定义，而且测量起来更为简便。

随着研究的深入，人们提出基于个人经验和偏好进行评价，提出了感知价值的概念。在旅游行业中，大量的研究通过比较游客支付的费用与得到的优惠来单维度地测量其感知价值。感知价值是一个更为复杂的概念，它根植于消费者的个人经验与偏好，涵盖了功能价值（如产品性能）、情绪价值（情感满足）、实际价值（实用性）和享乐价值（情感刺激）等多重维度，涉及对货币和非货币（如时间、精力）成本的考量。由此，可以构建一个全面的价值评估体系。旅游感知价值的构成多元，研究常常从效用价值（满足基本需求）和享乐价值（情感体验）两大核心出发，同时深入探讨获取价值（购买前的预期）、交易价值（交换过程中的公平感）、使用价值（实际体验）及偿还价值（是否有物有所值的感觉）等维度。此外，在对旅游价值感知进行研究时，功能价值

---

① 郑允熙，吴治玉．景区选择属性和感知价值、旅游态度之间的关系研究：以全州韩屋村为中心 [J]．旅游研究，2017，32（3）：57-80．

被进一步细分为成果／品质维度与价格／成本维度，深化了对旅游产品和服务评价复杂性的理解。此外，Christie M 等通过将感知成本分为金钱和非金钱 2 个维度，加深了人们对价值构成的理解，特别是在考虑发展中国家生态系统服务的评估中。①Sheth J N 等提出的感知价值模型涵盖了功能价值、社会价值、情绪价值、认知价值和情境价值 5 个核心价值类型，这一模型强调旅游价值感知中情绪价值、功能价值和社会价值的重要性，其中功能和情绪价值被视为旅游体验的核心。② 功能价值通常与满足需求所必需的成本付出相关联，而情绪价值则关注通过这些付出获得的愉悦感、新鲜体验等非物质回报。简单来说，功能价值强调的是满足基本需求的成本效益，而情绪价值强调的是通过满足这些需求所带来的精神层面的满足和享受。简单来说，功能价值强调满足基本需求的成本效益，而情绪价值则强调满足这些需求所带来的精神层面的满足和享受。Williams P 和 Soutar G N 将 PERVAL 模型用于研究旅游业，提出感知价值的构成要素包括功能价值（涵盖服务质量）、社会价值、情绪价值以及新奇性价值，强调了多维度评价的重要性。③ 崔胜顺特别关注了中国游客在韩国旅游时的情感体验和对经济价值的评估，揭示了价值感知在旅游行为意向形成中的作用。④

崔炳吉基于对济州岛游客的实证分析，将旅游感知价值细分为 6 类，即功能价值、金钱价值、时间及努力成本价值、社会价值、情绪价值和新奇价值，进一步细化了感知价值的组成。⑤Lee C K 等将旅游感知价值分为情感价值、功

① Christie M, Fazey I, Cooper R, et al. An evaluation of monetary and non-monetary techniques for assessing the importance of biodiversity and ecosystem services to people in countries with developing economies[J]. Ecological Economics, 2012（83）: 67-78.

② Sheth J N, Newman B I, Gross B L. Why we buy what we buy: A theory of consumption values[J]. Journal Of Business Research, 1991, 22（2）: 159-170.

③ Williams P, Soutar G N. Value, satisfaction and behavioral intentions in an adventure tourism context[J]. Annals of Tourism Research, 2009, 36（3）: 413-438.

④ 崔胜顺 . 旅游景点形象和感知价值对旅游行动意图的影响：以访韩的中国游客为中心 [J]. 旅游经营研究, 2012（51）: 267-284.

⑤ 崔炳吉 . 旅游者的感知价值对旅游满意度及行动意图的影响：以济州游客为例 [J]. 旅游学研究, 2012, 36（4）: 101-119.

能价值和总体价值三大部分，认为这些价值来源于支付的金钱、体验到的乐趣和社交互动，对游客满意度和推荐行为有直接影响。① 宋学俊探讨了感知价值在情绪和功能两方面的体现，进一步将感知价值细分为5类，即功能价值、社会价值、认知价值、情感价值和条件价值，深化了对价值结构的理解。②

感知价值在旅游态度形成过程中扮演着关键角色，其重要性不容忽视。感知价值涵盖了多个维度，包括但不限于经济价值、时间价值、努力价值、风险应对价值以及便利性感知。当个体对旅游目标的实现感知到足够的补偿价值时，这种感知价值便成为塑造其旅游态度的重要驱动力。在衡量旅游的感知价值时，应该考虑旅游体验所消耗的金钱和非金钱成本。这表明，评价某项旅游的感知价值不仅要考虑为获取旅游服务而支付的费用等金钱成本，还要考虑在旅游胜地停留期间的时间等非金钱成本。

尹宝英和金判英从旅游商品、文化、咨询、价格、社会和情感等多个维度探索了感知价值的构成因素，为旅游产品感知价值评估提供了全面视角。③ 金基浩和郑基汉通过考察统营、巨济地区的海洋旅游，指出游客的感知价值不仅与金钱成本相关，还与时间投入及精神恢复密切相关，强调这些因素对顾客满意度的影响。④ 崔钟弼分析了度假村参与者感知价值（包括情感、获得、金钱和社会价值）与服务质量和顾客满意度之间的关系，尤其分析了海洋运动游客的特定情境。⑤ 梁承弼和郭永大的研究围绕生态旅游的魅力属性展开，提出感知价值通过"努力、费用、时间与其他体验"的比较影响旅游者满意度，为生

① Lee C K, Yoon Y S, Lee S K. Investigating the relationships among perceived value, satisfaction, and recommendations: The case of the Korean DMZ[J]. Tourism Management, 2007, 28（1）: 204-214.

② 宋学俊. 文化观光地选择属性，感知价值，满足感之间的结构性关系研究：以景福宫游客为例[J]. 酒店经营学研究，2012，21（5）: 219-236.

③ 尹宝英，金判英. 旅游产品感知价值的探索性因素分析[J]. 旅游经营研究，2008（34）: 94-114.

④ 金基浩，郑基汉. 海洋旅游目的地属性对感知价值、顾客满意度和忠诚度的影响研究：以统营、巨济观光地为例[J]. 旅游研究，2010，25（5）: 123-141.

⑤ 崔钟弼. 度假村参与者的感知价值对服务质量及顾客满意的影响[J]. 旅游研究，2011，26（1）: 467-487.

态旅游领域提供了有价值的认识。[1]金基浩针对巨济、统营、固城等地的岛屿旅游，将游客旅游的感知价值细分为物理价值、金钱价值、感知服务价值、努力价值及时间价值等多个维度，分析了体验质量对感知价值、顾客满意、顾客流失、再访问意图的影响。[2]Lee C K 等聚焦于韩国非军事区（DMZ）的旅游感知价值，将其划分为功能价值、情感价值及总体价值，探究了这些价值与游客满意度及推荐行为的关系。[3]Wiedmann K P 等提出的奢侈品价值框架，将精品旅游的感知价值分为情感性价值、获取性价值和金钱性价值，并进一步细化为金钱性、功能性、个人和社会 4 个子维度，深化了对高端旅游体验价值的理解。[4]张泰善和尹正宪从工作与生活平衡的角度，分析了旅游感知价值与旅游参与意图间的关系。[5]他们总结了净价值、成熟价值、生活价值、精神价值、经济价值、协调价值和关系价值 7 项要素，这些要素来源于旅游经验、学习、信息传播、个人欲望等。

方世敏和杨静探讨了影响旅游演艺游客感知的多种因素，包括产品价值、服务价值及认知成本感知，指出景区感知价值不仅受到硬件设施和服务质量的直接影响，还受自然景观、经济状况、社会文化、政治经济环境等的影响，因此，对景区感知价值的评估包含对自然资源、文化特色、基础设施建设、休闲设施、整体环境氛围、旅游信息服务、价格合理性、自然和社会环境的保护、活动安全质量、社会互动的友好性、当地居民的态度以及政治经济的便利性

① 梁承弼，郭永大.生态旅游的魅力属性、旅游态度、感知价值对满意度的影响研究 [J].旅游研究，2010，25（5）：271-290.

② 金基浩.岛屿观光地的体验质量对感知价值、顾客满意、顾客流失、再访问意图的影响：以巨济、统营、固城观光地为例 [J].旅游学研究，2011，35（9）：297-318.

③ Lee C K, Yoon Y S, Lee S K. Investigating the relationships among perceived value, satisfaction, and recommendations: The case of the Korean DMZ[J]. Tourism Management, 2007, 28（1）: 204-214.

④ Wiedmann K P, Hennigs N, Siebels A. Measuring consumers' luxury value perception: A cross-cultural framework[J]. Academy of Marketing Science Review, 2007, 7（7）: 1-21.

⑤ 张泰善，尹正宪.工作和生活的协调、旅游价值感知及旅游参与意图之间的影响关系 [J].东北亚旅游研究，2019，15（4）：43-63.

等多个方面感知到的价值的综合评价。①Ledden L 等将感知价值分为功能价值
（Functional Value）、社会价值（Social Value）、认知价值（Cognitive Value）、
情感价值（Affective Value）和条件价值（Condition Value）。这一划分为理解
感知价值的多维度性提供了理论基础。②夏赞才和陈双兰研究生态旅游游客感
知价值对环境友好行为意向的影响，提出旅游感知价值包含服务价值（Service
Value）、环境价值（Environmental Value）、情感价值（Affective Value）和
成本价值（Cost Value），并将其进一步细分为 15 个具体测量指标，深化了人
们对生态旅游中感知价值构成的认识。③张天宇从 6 个维度探讨了游客感知价
值：感知品牌价值（Perceived Brand Value）、成本价值（Cost Value）、服务
价值（Service Value）、环境价值（Environmental Value）、情感价值（Affective
Value）和功能价值（Functional Value），这为理解游客感知价值与地方依恋
间的关系提供了全面的视角。④王莉等以湿地公园游客为对象，将感知价值划
分为环境价值（Environmental Value）、特色价值（Unique Value）、服务价值
（Service Value）、管理价值（Management Value）、知识教育价值（Knowledge-
Education Value）和成本价值（Cost Value），对湿地公园的特性和游客体验进
行了分析。⑤

关于海洋旅游感知价值的定义，本书基于相关研究，将其界定为游客在海
滨、海岛和海中体验自然资源、人文资源和社会资源时或体验之后，对所接受
服务效用的整体主观评价。这种感知价值包含价格价值（Price Value）、情绪
价值（Emotional Value）、社会价值（Social Value）和获得价值（Acquisition

① 方世敏，杨静.旅游演艺游客感知影响因素及价值提升对策研究 [J].旅游论坛，2012，5
（3）：17-21.
② Ledden L, Kalafatis S P, Samouel P. The relationship between personal values and
perceived value of education[J]. Journal of Business Research, 2007, 60（9）: 965-974.
③ 夏赞才，陈双兰.生态游客感知价值对环境友好行为意向的影响 [J].中南林业科技大学学
报（社会科学版），2015，9（1）：27-32，77.
④ 张天宇.游客感知价值与地方依恋的相关性研究 [D].北京：北京林业大学，2019.
⑤ 王莉，张宏梅，陆林，等.湿地公园游客感知价值研究：以西溪／溱湖为例 [J].旅游学刊，
2014，29（6）：87-96.

Value）4 个层面，强调了海洋旅游特有的价值构成。具体内容如表 4-1 所示。

表 4-1　海洋旅游感知价值评价要素

评价因素	内　容
价格价值	1. 本次旅游与所支付的费用相比，有足够的价值 2. 与其他景区相比，海岸旅游提供了与价格相符的价值 3. 以恰当的价格提供了良好的服务 4. 愿意支付适当的费用 5. 本次旅游相对于付出的金钱更有价值 6. 本次旅游相对于付出的时间与精力更有价值
情绪价值	1. 海岸旅游为游客提供了别样的乐趣 2. 海岸旅游为游客提供了新的体验 3. 海岸旅游给予游客安定感 4. 海岸旅游给予游客满足感 5. 海岸旅游有助于游客缓解压力 6. 海岸旅游给予游客摆脱日常生活的机会
社会价值	1. 海岸旅游提供了结识新朋友契机 2. 海岸旅游能够让游客在社会生活中突出自己 3. 海岸旅游能够带给游客优越感 4. 海岸旅游让游客感到自豪
获得价值	1. 海岸旅游的整体旅游质量很好 2. 海岸旅游景区的路线布置得不错，不会让游客觉得枯燥乏味 3. 通过海岸旅游景区达到了预期的旅游目的 4. 在旅游景点，游客可以体验高水平的服务

第五章　旅游态度

第一节　旅游态度的概念与构成要素

态度是社会心理学中具有最多定义的概念，不同学者对其有不同的解读，其中 3 种具有代表性的定义如下：Allport G W 受到行为主义的影响，将态度定义为一种由经验组织起来的心理和神经准备状态，这种状态影响个体对不同情境的反应，强调了经验在态度形成中的核心作用[①]；Krech D 从认知心理学视角出发，将态度视为个体对周围世界现象的持续性认知、情感和感知的组织过程，强调了个体在形成态度时的主动性和当前经验的重要性[②]；Freedman M P 进一步细化了态度的构成，提出态度是针对特定对象、观念或他人的一种心理倾向，由认知（信念）、情感（喜好或厌恶）和行为倾向 3 部分组成，强调了态度的多维度性质[③]。

---

① Allport G W. Attitudes[M]// Murchison C. A Handbook of social psychology. Worcester: Clark University Press, 1935: 798-844.

② Krech D. Theory and problems of social psychology[J]. Journal of Consulting Psychology, 1949, 13（1）: 65.

③ Freedman M P. Relationship among laboratory instruction, attitude toward science, and achievement in science knowledge[J]. Journal of Research in Science Teaching, 1997, 34（4）: 343-357.

态度是消费者行为研究中至关重要的一个概念，它作为一种核心的心理要素，能够显著地影响游客的行为模式。从本质上讲，态度反映了一个人的认知、情感和行为倾向，这些因素共同构成了对特定对象做出反应的心理准备。态度也是驱动消费者做出购买决策的关键因素之一，因此，对于制定营销策略具有至关重要的作用。

Carmichael B A 在研究快速变化的旅游区域居民态度时，将态度定义为个体对特定对象持有的友好或不友好心理倾向，这种倾向影响了个体的基本行为方式。[①] 态度不仅是一种对对象的固定思维、情感模式，还是一种能动的精神状态，影响个体的情感反应（如喜爱或反感）以及与外部情境的互动方式。

态度、习惯经常被混用，但它们各自的含义不同。习惯指的是通过学习形成的、持续存在且反复出现的行为模式；态度则更多地与行为表现相关，是一个包含众多具体要素的复杂概念。对于态度的理解，可以通过 2 种视角理解：一是从结构上看，它是认知、情感和行为意向的综合体，反映了个体对特定对象的全面心理准备状态；二是从概念层面分析，态度的核心在于情感，是个人主观感受的集中体现。结构性分析强调的是个人在认知、情感和行动上对特定对象准备感知和反应的心理状态；而概念性分析则更侧重于个人的主观感受和情感因素，将情感视为态度的核心构成部分。

态度的形成深受个人内在特质（如价值观、信念）和外在信息（如宣传信息、口碑）的双重影响，这些因素共同作用于游客，影响其对感知对象——旅游目的地的判断，并引导其形成一般性的态度。

在旅游领域，游客的态度显著影响其旅游活动。白石宗和金淑姬的研究证明，首都圈居民对绿色旅游的态度受他们接收的信息影响，这直接影响他们对旅游目的地的选择，强调了信息感知在形成旅游态度中的关键作用。[②] 例如，一个地方的形象和吸引力会直接影响游客是否前往那里。可以说，游客对旅游

① Carmichael B A. A matrix model for resident attitudes and behaviours in a rapidly changing tourist area[J]. Tourism Management, 2000, 21（6）：601-611.

② 白石宗，金淑姬．首都圈居民对绿色旅游的态度研究［J］.旅游研究杂志，2005，19（3）：147-162.

目的地的偏好是由他们对旅游经历的感受和个人印象决定的。

在研究游客行为时，旅游态度是一个重要的考量因素，尤其在分析景区环境变化对游客行为的影响时。这种态度反映了游客对旅游现象的感知、在旅游体验中产生的感受，以及他们对旅游的个人见解。李明植和金昌洙将旅游态度定义为游客对旅游体验的全面感受或对目的地的综合评价，突出了个人体验和情感反应在形成旅游态度中的核心地位。[①]韩佳英和金柱德进一步指出，当旅游态度与个人的深层价值观和信念相契合时，这种态度更有可能转化为实际行动，如推荐、重游，强调了态度与行为之间紧密的内在联系。[②]

以往研究常将旅游态度细分为认知态度（基于知识和理解）、情感态度（基于情感反应和评价）和行为态度（行为倾向和预期），这三者共同构成了游客对旅游体验多维度的评价和反应，如图 5-1 所示。认知态度基于个人对旅游目的地的认知，通常以信念或意见的形式出现。例如，当游客对某个旅游景点有较多的了解或正确的信念时，他们往往持有积极的态度；如果了解不足或存在误解，往往持有消极的态度。情感态度涉及个人对旅游对象的情感或感觉反应，这些反应具有评价性质。行为态度关注个人采取特定行为的可能性或倾向，在旅游领域，这可能体现为对景点的推荐、抱怨、重游或回避等方面。

---

① 李明植，金昌洙.国家形象对旅游景区态度和行动意图的影响研究[J].旅游学研究，2012，36（1）：157-178.
② 韩佳英，金柱德.女性对男性化妆的认识及态度的研究[J].韩国化妆品美容学会杂志，2012，2（1）：61-77.

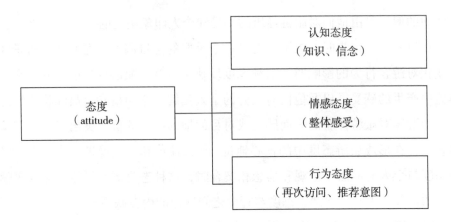

图 5-1　态度的构成

旅游态度可视为游客对特定旅游目的地的全面的、综合的感受，游客的这种感受源自其在旅游活动期间及之后的正面或负面体验，对游客的未来旅游决策、重复访问意愿和推荐行为具有决定性影响，是一种复杂且持续的心理状态。游客的态度在选择旅游目的地时起着关键作用，并与旅游体验之后的再次访问、重复使用和推荐意愿等方面紧密相关，显示出其重要性。Oliver R L 研究发现，顾客满意度对形成积极态度至关重要，而这种正面态度的持久性与顾客的回访意愿直接相关，这对于企业利润的持续增长和盈利的影响是根本性的。[①] 顾客的回购意愿基于对过往消费经历的正面评价，通过提升游客购买后的满意度，形成了一个积极的反馈循环。以往关于旅游态度的研究多集中在"旅游后态度"或"旅游后评价"上。旅游后的态度是在满意度形成之后产生的，而"旅游后评价"则是理解旅游现象的重要研究内容。在现代社会，游客的旅游需求日益多样化和个性化，旅游后的评价成了影响有效开发旅游资源的重要因素。旅游后的评价可以从 3 个方面来理解：一是游客对旅游活动满足其需求的程度的评价，即"整体旅游满足"；二是游客体验后是否渴望再次访问相关旅游景点的"再访问意向"；三是游客是否愿意向他人推荐该旅游景点的"推荐意图"。

---

① Oliver R L. A cognitive model of the antecedents and consequences of satisfaction decisions[J]. Journal of Marketing Research, 1980, 17（4）：460-469.

本书基于上述理论和实证研究，通过分析整体满意度、再访问意向和推荐意图这 3 个关键指标，深入探讨了海洋旅游态度的多维度特征，为理解并评估游客对海洋旅游目的地的感知价值提供了新的视角。

第二节　旅游态度相关研究

梁承弼和郭永大的研究明确了生态旅游中魅力属性、旅游态度与感知价值如何共同影响游客满意度，强调了旅游态度的多维度组成成分（行为、认知、情感）对感知价值及满意度的显著影响。[①] 李厚锡的研究特别关注了南杨州 Joan Slow City 游客基于新环境模式（New Ecological Paradigm, NEP）的认识对旅游态度的影响，指出旅游博览会服务质量的多个方面（如活动安排、清洁度、员工服务、便利性）以及旅游形象对旅游态度的显著作用。[②]

郑允熙和吴治玉在对全州韩屋村的研究中发现，景区的吸引要素、独特性、便利性等选择属性对旅游态度有显著影响，但未发现旅游态度对游客偏好有显著、直接影响，这反映了态度与偏好间关系的复杂性。[③] 尹紫妍等通过分析水原华城的案例，展示了旅游满意度对访客事后认知、情感和行为态度的全面、正面影响，强调了满意度提升对于改善游客整体态度的重要性。[④]

李瑞要和李泰熙的研究集中在爱宝乐园游客的事后态度上，包括认知态度、情感态度和行为态度，并探究这些态度与旅游满意度的关系。研究显示旅

---

① 梁承弼，郭永大.生态旅游的魅力属性、旅游态度、感知价值对满意度的影响研究 [J]. 旅游研究，2010，25（5）：271-290.

② 李厚锡.游客环境认识对满足和旅游态度的影响：以南杨州 Joan Slow City 游客的新环境模式（NEP）认识为例 [J]. 旅游研究，2013，28（3）：189-204.

③ 郑允熙，吴治玉.景区选择属性和感知价值、旅游态度之间的关系研究：以全州韩屋村为例 [J]. 旅游研究，2017，32（3）：57-80.

④ 尹紫妍，延胜浩，严瑞浩.文化遗产观光地项目的体验性对访客态度变化的影响 [J]. 文化遗产，2015，48（3）：120-137.

游满意度对情感态度和行动态度有正面影响，但对认知态度没有显著影响。①

姜秉灿指出，消费者对名牌旅游的感知价值和实际获得的价值会对其品牌态度产生正面影响。②同样，郭珉锡和赵光敏在对高尔夫球场的研究中发现，金钱价值、顾客需求的满足、额外优惠、对服务质量的正确理解、合理的价格以及品牌确信度都是影响品牌态度的积极因素。③边京元的研究也表明，夜间滑雪度假村的游客对旅游的感知价值会对他们的态度产生正面影响。④

综上所述，本书在先行研究的基础上，探讨济州岛和海南岛海洋游客旅游后的海洋旅游活动偏好、海洋旅游舒适度认知、感知价值与态度之间的关系。

① 李瑞要，李泰熙．主题公园故事、品牌态度、满意度及事后态度间的影响关系分析：以访问爱宝乐园的 20～29 岁游客为例 [J].旅游研究杂志，2018，32（6）：123-136.

② 姜秉灿．名牌旅游认识和感知价值对品牌态度及行动意图的影响 [D].水原：庆熙大学，2012.

③ 郭珉锡，赵光敏．高尔夫球场品牌资产测定因素与品牌价值、顾客满意、品牌态度、再访问意图之间的关系 [J].韩国体育学会杂志，2011，50（1）：147-160.

④ 边京元．夜间滑雪度假村选择属性和感知价值、态度及顾客忠诚度之间的结构性关系：根据地区进行模型比较 [J].韩国体育产业经营学会杂志，2015，20（3）：131-150.

第六章　研究设计

第一节　研究模型与假设

一、研究模型

本书基于 2 个经典的社会心理学理论 —— 理性行为理论（Theory of Reasoned Action, TRA）和计划行为理论（Theory of Planned Behavior, TPB）构建理论模型。理性行为理论最初由 Ajzen I 和 Fishbein M 于 1975 年提出，该理论着重研究行为态度（个人对行为的正面或负面评价）和主观规范（个人感知的社会压力或期望）如何共同影响个体的行为意向，进而预测实际行为的发生。[1]1985 年，Ajzen I 对 TRA 进行了拓展，提出了 TPB，旨在扩展其对行为的解释范围。[2]他将 TRA 予以扩充，增加了一项对自我"知觉行为控制"的新概念。知觉行为控制反映了个体对其执行某行为能力的判断，即个人认为自

---

[1] Ajzen I, Fishbein M. A Bayesian analysis of attribution processes[J]. Psychological Bulletin, 1975, 82（2）：261-277.

[2] Ajzen I. From intentions to actions: A theory of planned behavior[M]//Kuhl J, Beckmann J. Action Control: From Cognition To Behavior. Heidelberg: Springer, 1985: 11-39.

已能够在多大程度上克服外部障碍，实施意图实施的行为。Ajzen 增加这一项旨在解决 TRA 中未能充分考虑的现实限制问题，即有时即便有正面的态度和强大的社会压力，个体也可能因为缺乏控制感（如资源、机会）而无法执行意图实施的行为。因此，TPB 通过整合行为态度、主观规范和知觉行为控制三大要素，为预测和解释游客的行为意图提供了一个更为全面的框架。本书应用此理论模型来深入探讨游客的行为决策过程，具体模型架构如图 6-1 所示。

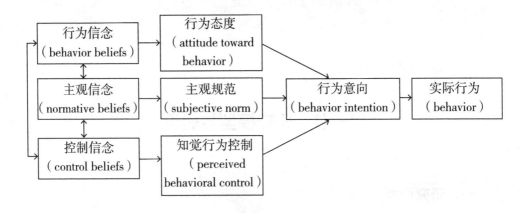

图 6-1　TPB

尹雪敏的研究借助扩展计划行为理论（Extended Theory of Planned Behavior, ETPB），特别纳入了事前知识和感知风险因素，深入分析了它们在形成海外旅行行动意图中扮演的角色，以及它们如何作为媒介影响海外旅行态度与行为意图之间的关系。[1] 赵元燮应用扩展计划行为理论框架，考察了态度、主观规范、感知行为控制以及新增的 2 个变量——事前知识和感知风险，如何共同作用于顾客的消费行为意图。[2] 孙正基和韩尚日结合快乐、觉醒情感维度，对 TPB 进行了创新性应用，以修正后的 TPB 框架验证了情感因素如何影响游

① 尹雪敏.扩展计划行为理论（ETPB）对冒险休闲活动的行动分析：以事前知识和热爱度的作用为中心 [J].酒店经营学研究，2011，20（6）：189-208.

② 赵元燮.基于扩展计划行为理论的咖啡专卖店行动意图研究 [J].旅游研究，2014，28（6）：161-179.

客的态度、主观规范、知觉行为控制以及最终的行为意图。①崔元植和李秀范研究了绿色餐饮服务场景对消费者感知价值、态度及行为意愿的影响，特别是研究了环保餐厅如何通过提升顾客感知价值来影响其态度和行动意愿。②

　　先行研究已经验证了感知价值在旅游体验和满意度之间的中介作用，安蓉和梁娜虽然直接研究旅游或服务领域，但分析了情感舒适度在学生职业定向认知与其职业未决状态之间所起的部分中介作用，加深了人们对认知、情感与行为决策之间复杂关系的理解。③本书基于 TPB 及其扩展模型构建了一个新的模型，如图 6-2 所示。

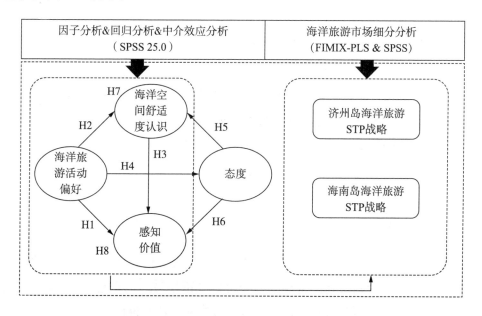

图 6-2　研究模型

①　孙正基，韩尚日.饮食旅游的态度、主观规范、知觉行为控制对行动意图的影响研究：以应用 PA(快乐、觉醒)感情尺度的修正后的计划行为理论为中心 [J].旅游学研究，2016，40(3)：11-33.

②　崔元植，李秀范.绿色餐饮服务场景对消费者感知价值、态度和行为意愿的影响 [J].烹饪科学与酒店研究，2012，18（5）：45-62.

③　安蓉，梁娜.高职学生职业定向认知对职业未决的影响机制：基于情感舒适度部分中介作用的分析 [J].职业技术教育，2016，37（1）：62-67.

为了深入探究海洋旅游活动偏好、旅游舒适度认知、感知价值与旅游态度之间的相互关系，本书构建的模型采用以下架构：以游客对海洋旅游活动的五大偏好类型（休闲运动型、体验型、自然景观欣赏型、人文景观观赏型、购物·美食型）为基础自变量；将海洋旅游舒适度的认识（包含环境性、安全性、文化性、便利性、社会性和舒适性6个维度）以及感知价值（包含价格价值、情感价值、社会价值和获得价值4个方面）共同作为中介变量；而态度层面，包括满意度、再访问意向和推荐意图，则被设定为因变量，以此框架来分析这四者之间的复杂关联性。在进行济州岛与海南岛海洋旅游市场的细分研究时，本书采取的方法如下：首先，将海洋旅游活动偏好的5种类型设为自变量，将海洋旅游舒适度的6个维度设为中介变量，将感知价值的4个因素设为因变量；其次，通过运用FIMIX-PLS（有限混合偏最小二乘法）细分方法，对两地的海洋旅游市场进行了深入的细分分析，以识别不同细分市场群体的特点。基于这些细分结果，本书进一步提出了针对济州岛与海南岛海洋游客的特定活动喜好的提升体验的策略、建议，以期为两地旅游发展提供更具针对性和实效性的指导。

二、研究假设

崔英德等人的研究表明，农渔村体验的娱乐性与情感价值和经济价值呈正相关，而审美体验则与情感价值和社会价值呈正相关。[1] 郑允熙和姜信谦经研究发现，文化遗产旅游体验的审美要素能显著提升认知价值、情感价值和功能价值，而娱乐性体验仅与功能价值呈正相关。[2]

观察和观赏体验以及自然休养体验对游客感知价值呈正相关。金泉瑞和李在宇指出，海洋休闲运动参与者的娱乐体验、审美体验和逃避现实体验与服务

---

[1] 崔英德，郑大英，尹志焕.农村体验型村落的体验要素、访问价值、行动意图之间的关系分析：以韩半岛木筏村为例[J].旅游休闲研究，2014，26（3）：95-112.

[2] 郑允熙，姜信谦.文化遗产旅游体验要素与体验价值的关系研究[J].旅游研究，2016，31（4）：171-191.

价值呈正相关。① 萨日的研究表明，在旅游过程中购买地区产品和体验传统市场氛围以及教育与感知价值中的效用价值呈正相关。②

崔允英和李秀范研究葡萄酒旅游体验活动，发现教育性体验、审美性体验和偏离性体验对游客的感知价值（包括情感价值和经济价值）呈正相关。③

根据以上研究，本书提出了以下假设，以检验海洋旅游活动偏好与感知价值之间的关系。

H1：海洋旅游活动偏好与感知价值呈正相关。

H1-1：海洋旅游活动偏好与感知价值中的价格价值呈正相关。

H1-2：海洋旅游活动偏好与感知价值中的情绪价值呈正相关。

H1-3：海洋旅游活动偏好与感知价值中的社会价值呈正相关。

H1-4：海洋旅游活动偏好与感知价值中的获得价值呈正相关。

由于旅游活动偏好和舒适度的相关研究较少，本书提出如下假设。

H2：海洋旅游活动偏好与海洋旅游舒适度呈正相关。

H2-1：海洋旅游活动偏好与海洋旅游舒适度中的环境性呈正相关。

H2-2：海洋旅游活动偏好与海洋旅游舒适度中的安全性呈正相关。

H2-3：海洋旅游活动偏好与海洋旅游舒适度中的文化性呈正相关。

H2-4：海洋旅游活动偏好与海洋旅游舒适度中的便利性呈正相关。

H2-5：海洋旅游活动偏好与海洋旅游舒适度中的社会性呈正相关。

H2-6：海洋旅游活动偏好与海洋旅游舒适度中的舒适性呈正相关。

金哲宇和李在亨的研究表明，目的地属性评价会影响游客的感知价值。④ 尹贞贤则认为，休闲体育观光的多个方面，包括安全 / 卫生、可达性、观光 /

① 金泉瑞，李在宇.生活方式对休闲运动选择属性的影响研究 [J]. 旅游休闲研究，2010，22（6）：123-138.

② 萨日.中国游客赴韩国传统市场的旅游动机、旅游制约因素对感知价值及顾客满意程度的影响 [D]. 大邱：启明大学，2017.

③ 崔允英，李秀范.葡萄酒旅游体验活动对感知价值、满意度及行动意图的影响：以韩国酒庄为例 [J]. 旅游研究杂志，2018，32（1）：169-184.

④ 金哲宇，李在亨.体育观光参加者满意程度对再参加意图和转换意图的影响 [J]. 韩国体育调查，2004，15（6）：853-864.

体育设施、价格、环境性、娱乐性和旅游吸引力与游客的感知价值呈正相关。①
罗贤珠等发现，在水上休闲运动的选择属性中，设施属性与顾客感受到的服务
价值呈正相关。②边京元证实了夜间滑雪胜地的便利性、价格和熟知性与顾客
的感知价值呈正相关。③

　　成宝贤和崔英锡通过实证研究，验证了生态体验访问动机中的便利性、关
系性和新奇性因素与感知价值（包括功能价值、情绪价值、娱乐价值和生态价
值）呈正相关。④此外，李学仁和郑基韩提出了旅游动机与消费价值（包括功
能价值、情感价值、珍贵价值和情境价值）之间的关系，证实了动机对价值存
在显著影响。⑤崔智贤和李大辉认为，DMZ 旅游动机与感知价值呈正相关。⑥

　　跟团旅游动机的娱乐性和便利性因素对游客的感知价值（包括情感价值和
功能价值）存在显著正向影响。安柱锡和李承坤的研究表明，游客体验质量的
类型性、对应性、解说性、便利性、教育性和真诚性均对游客的感知价值存在
显著正向影响。⑦基于相关研究，本书提出了以下假设。

　　H3：海洋旅游舒适度与感知价值呈正相关。

　　H3-1：海洋旅游舒适度与感知价值中的价格价值呈正相关。

　　H3-2：海洋旅游舒适度与感知价值中的情绪价值呈正相关。

　　H3-3：海洋旅游舒适度与感知价值中的社会价值呈正相关。

---

① 尹贞贤．文化观光解说员的资质及解说内容对感情反应及感知价值的影响 [J].旅游休闲研
究，2012，24（8）：343-361.

② 罗贤珠，金炳植，金华龙．水上休闲运动选择属性对服务价值、满足及行动意图的影响研
究 [J].韩国社会安全学会杂志，2012，8（1）：31-53.

③ 边京元．夜间滑雪度假村选择属性和感知价值、态度及顾客忠诚度之间的结构性关系：根
据地区进行模型比较 [J].韩国体育产业经营学会杂志，2015，20（3）：131-150.

④ 成宝贤，崔英锡．生态体验的动机、感知价值、满意度及行动意图之间的影响关系：以生
态体验基础设施的差异为中心 [J].旅游研究论丛，2016，28（3）：55-78.

⑤ 李学仁，郑基韩．旅游产业中旅游动机对消费价值和满足、行动意图的影响 [J].互联网电
子商务研究，2017，17（6）：319-335.

⑥ 崔智贤，李大辉．DMZ 旅游动机对感知价值和沉浸、满意度及行动意图的影响分析 [J].旅
游研究杂志，2019，33（2）：77-94.

⑦ 安柱锡，李承坤．故宫旅游体验品质、感知价值、态度及行为意图之间的结构性关系：以
服饰体验的调节效果为中心 [J].旅游研究杂志，2020，34（9）：5-19.

H3-4：海洋旅游舒适度与感知价值中的获得价值呈正相关。

崔海勇等的研究表明，农事体验、教育学习体验和节庆活动体验对农村体验旅游项目的游客重游意愿产生积极影响。[①] 李在燮和金敬元发现，教育旅游产品的历史文化内涵、参观体验以及其对个人的启发等，显著提升了游客的满意度、推荐意愿和再次购买意愿。[②] 金钟勋和张炳柱的研究也指出，青少年的教育旅游偏好对其教育旅游的态度有着显著正向影响。[③]

全仁顺的研究证实了旅游景点偏好对游客行为意图的显著影响[④]，而朴英植则通过研究证实社交网络服务（Social Networking Service, SNS）上旅游信息的特征对旅游景点偏好有显著的正面影响，进而提高游客的旅游满意度[⑤]。基于以上相关研究，本书提出了以下假设，旨在研究海洋旅游活动偏好与态度之间的关系。

H4：海洋旅游活动偏好与态度呈正相关。

H4-1：海洋旅游活动偏好中休闲运动型与态度呈正相关。

H4-2：海洋旅游活动偏好中体验型与态度呈正相关。

H4-3：海洋旅游活动偏好中自然景观欣赏型与态度呈正相关。

H4-4：海洋旅游活动偏好中人文景观观赏型与态度呈正相关。

H4-5：海洋旅游活动偏好中的购物·美食型与态度呈正相关。

林允贞等的研究表明，改善旅游目的地的设施可以增强游客的经验态度和

[①] 崔海勇，尹有植，朴在德.第六次产业革命背景下农村体验旅游的选择属性和体验项目偏好对农村旅游行动意图及开发支持度的影响[J].旅游研究杂志，2014，28（2）：185-198.

[②] 李在燮，令敬元，教育观光商品的满足、推荐意图、再购买意图的研究：以商品类型为中心[J].旅游服务研究，2009，9（1）：93-111.

[③] 金钟勋，张炳柱.青少年的个人价值对教育观光偏好及教育观光态度的影响：以釜山地区高中为中心[J].酒店经营学研究，2016，25（6）：1-17.

[④] 全仁顺.SNS旅游信息对旅游胜地偏好度和行动意图的影响[J].东北亚观光研究，2014，10（3）：63-83.

[⑤] 朴英植.社交网络服务旅游信息特性对旅游胜地偏好度及满意度的影响研究[J].网络电子商务研究，2017，17（6）：199-215.

个人态度；同时，增强景观和环境因素有助于提升游客的感性态度。^①金智善也得出了类似的结论。^②此外，从旅游体验结构的角度分析，旅游动机因素（如真诚性、新奇性、熟悉性、教育性和享受性）对旅游满意度有影响。

金在浩发现，海岛访客的旅游动机，包括新奇性、为乐性和关系性，对态度有显著的正面影响。^③基于以上研究，本书提出了如下假设，以探讨海洋旅游舒适度与态度之间的关系。

H5：海洋旅游舒适度与态度呈正相关。

H5-1：海洋旅游舒适度中环境性与态度呈正相关。

H5-2：海洋旅游舒适度中安全性与态度呈正相关。

H5-3：海洋旅游舒适度中文化性与态度呈正相关。

H5-5：海洋旅游舒适度中社会性与态度呈正相关。

H5-6：海洋旅游舒适度中舒适性与态度呈正相关。

根据 Kashyap R 和 Bojanic D C 的研究，商务游客对旅游的感知价值会影响他们再次访问的意愿^④，这一观点得到了卢静妍的研究的证实^⑤，其研究表明感知价值对旅游态度有正向的影响。此外，姜秉灿提出，名牌旅游的感知价值中的情绪价值和获得价值对人们对旅游品牌的态度有积极影响。^⑥郭珉锡和赵光敏的研究中指出，金钱价值、满足顾客需求、额外优惠、对服务的正确认知、

① 林允贞，李慧琳，尹长烈．影像拍摄地游客的选择属性和态度研究 [J]. 旅游研究，2006，21（2）：235-255.

② 金智善．世界文化遗产地的旅游体验结构分析 [D]. 首尔：汉阳大学，2011.

③ 金在浩．海岛游客的旅游动机对旅游后态度的影响：以仁川广域市岛屿地区为中心 [J]. 旅游经营研究，2014，62：125-145.

④ Kashyap R, Bojanic D C. A structural analysis of value, quality, and price perceptions of business and leisure travelers[J]. Journal of Travel Research, 2000, 39（1）：45-51.

⑤ 卢静妍．通过故事讲述黑色旅游景点的品牌价值和顾客行为相关研究 [D]. 大邱：启明大学，2015.

⑥ 姜秉灿．名牌旅游认识和感知价值对品牌态度及行动意图的影响 [D]. 水原：庆熙大学，2012.

合理的价格以及品牌价值都会对态度产生积极影响。①

贾贞慧等的研究探讨了参与者的感知价值与满意度之间的关系，结果表明感知价值（包括情感价值和功能价值）对满意度有显著正向影响。②柳恩珠的研究也验证了感知价值（包括情感价值与功能价值）对满意度的显著正向影响。③

综合上述研究，本书提出如下假设。

H6：感知价值与态度呈正相关。

H6-1：感知价值中价格价值与态度呈正相关。

H6-2：感知价值中情绪价值与态度呈正相关。

H6-3：感知价值中社会价值与态度呈正相关。

H6-4：感知价值中获得价值与态度呈正相关。

对于海洋旅游舒适度在海洋旅游活动偏好和态度之间的中介作用，目前尚缺乏系统研究。然而，本书深入探讨了海洋舒适度认识的 6 个关键因素——环境性、安全性、文化性、便利性、社会性和舒适性，并总结了它们在中介效应方面的研究进展，具体如下。

Dermody J 等研究发现，环境性在物质主义、环境担忧、社会消费动机与消费行为之间具有部分或完全的中介作用。④

Liu B 等发现，安全性在感知威胁与邮轮旅行意图之间存在中介作用。⑤此

---

① 郭珉锡，赵光敏. 高尔夫球场品牌资产测定因素与品牌价值、顾客满意、品牌态度、再访问意图之间的关系 [J]. 韩国体育学会杂志，2011，50（1）：147-160.

② 贾贞慧，金镇玉，李忠基. 节庆活动参加者的动机、感知价值、满意度及行动意图之间的结构性关系分析：以首尔灯庆典为例 [J]. 旅游研究杂志，2018，32（7）：157-169.

③ 柳恩珠. 美容专业在校生的感知价值及满意度的影响 [J]. 韩国设计文化学会杂志，2017，23（3）：285-296.

④ Dermody J, Hanmer-Lloyd S, Koenig-Lewis N, et al. Advancing sustainable consumption in the UK and China: The mediating effect of pro-environmental self-identity[J]. Journal of Marketing Management, 2015, 31（13-14）: 1472-1502.

⑤ Liu B, Pennington-Gray L, Krieger J. Tourism crisis management: Can the extended parallel process model be used to understand crisis responses in the cruise industry?[J]. Tourism Management, 2016（55）: 310-321.

外，安全性在旅游兴趣和旅游意向之间也存在中介效应。Tabrizian P 等的研究证实了安全性在封闭性和感知的复原力之间的中介作用，尤其在公园环境中更为显著。[①] 李月调等的研究确认了旅游者的安全认知和目的地形象与负面舆论和忠诚度之间的完全中介效应。[②]

李悦铮等验证了文化性在创业活动和创业动机中的中介作用[③]，而 Li Y Q 和 Liu C H 的研究则进一步验证了经验和文化性在满意度和地方依恋中的中介效应[④]。Srivastava M 和 Kaul D 指出，便利性对顾客体验产生了显著影响，并在社会互动和顾客满意度之间起到了中介作用。[⑤] 金美淑和张熙顺的研究验证了便利性在安全性和使用意愿之间起中介作用。[⑥] 同时，Kuo N T 等发现，服务便利性在服务质量和行为意图之间的调节效应显著。[⑦]

Gannon M 等的研究证实了社区居民认知在社区依恋、环境态度和旅游开

① Tabrizian P, Baran P K, Smith W R, et al. Exploring perceived restoration potential of urban green enclosure through immersive virtual environments[J]. Journal of Environmental Psychology, 2018（55）：99−109.

② 李月调，黄倩，张江驰．负面舆论对游客忠诚度的曲线影响：安全感知和旅游形象感知的中介作用 [J].旅游学刊，2019，34（5）：105−116.

③ 李悦铮，李鹏升，黄丹．海岛旅游资源评价体系构建研究 [J].资源科学，2013，35（2）：304−311.

④ Li Y Q, Liu C H. Impact of cultural contact on satisfaction and attachment: Mediating roles of creative experiences and cultural memories[J]. Journal of Hospitality Marketing & Management, 2020, 29（2）：221−245.

⑤ Srivastava M, Kaul D. Social interaction, convenience and customer satisfaction: The mediating effect of customer experience[J]. Journal of Retailing and Consumer Services, 2014, 21（6）：1028−1037.

⑥ 金美淑，张熙顺．房地产交易电子合同系统特性对使用意向的影响：认知的有用性和便利性的中介效果 [J].房地产法学，2021，25（4）：93−112.

⑦ Kuo N T, Chang K C, Chen M C, et al. Investigating the effect of service quality on customer post-purchasing behaviors in the hotel sector: The moderating role of service convenience[J]. Journal of Quality Assurance in Hospitality & Tourism, 2012, 13（3）：212−234.

发支持的经济利益之间的关系中起到了重要的中介作用。[①]Xiong Y C 等的研究探讨了舒适性在景区视觉认知、听觉认知和满意度之间的中介效应[②]，而夏莉惠的研究则发现了景区居民环境行为在环境认知和生活质量之间的部分中介效应[③]。基于这些先行研究，本书旨在检验海洋旅游舒适度认识在海洋旅游活动偏好与态度之间的中介效应，并提出了相应的假设。

H7：海洋旅游舒适度在海洋旅游活动偏好和态度之间具有中介作用。

H7-1：海洋旅游舒适度中的环境性在海洋旅游活动偏好和态度之间具有中介作用。

H7-2：海洋旅游舒适度中的安全性在海洋旅游活动偏好和态度之间具有中介作用。

H7-3：海洋旅游舒适度中的文化性在海洋旅游活动偏好和态度之间具有中介作用。

H7-4：海洋旅游舒适度中的便利性在海洋旅游活动偏好和态度之间具有中介作用。

H7-5：海洋旅游舒适度中的社会性在海洋旅游活动偏好和态度之间具有中介作用。

H7-6：海洋旅游舒适度中的舒适性在海洋旅游活动偏好和态度之间具有中介作用。

申昌烈等将感知价值分为功能价值、情感价值和社会价值，并指出感知价值在庆典主题认识与庆典满意度之间起到了部分中介作用。[④]李厚锡提出，在

① Gannon M, Rasoolimanesh S M, Taheri B. Assessing the mediating role of residents' perceptions toward tourism development[J]. Journal of Travel Research, 2021, 60（1）: 149-171.

② Xiong Y C, Yang L, Wang X H, et al. Mediating effect on landscape experience in scenic area: A case study in Gulangyu island, Xiamen City[J]. International Journal of Sustainable Development & World Ecology, 2020, 27（3）: 276-283.

③ 夏莉惠.旅游地居民环境感知、环境行为与生活质量感知关系研究：以武陵源为例 [D]. 长沙：湖南师范大学，2019.

④ 申昌烈，宋学俊，李忠基.畜产品质量、庆典主题认识、感知价值、满意度之间的结构关系研究：以 2010 堤川国际韩方生物博览会为例 [J]. 旅游研究，2012，26（6）: 205-225.

农村游客的体验要素与满意度之间，感知价值同样起到了中介作用。[1] 梁吉承研究农村旅游服务质量、感知价值与旅游态度之间的结构关系，并通过测量感知价值的间接效应进一步证实了其中介作用。[2] 尽管目前尚未有研究探讨感知价值在海洋旅游活动偏好和态度之间的中介作用，但基于对感知价值中介作用相关研究的分析，本书提出如下假设。

H8：感知价值在海洋旅游活动偏好和态度之间具有中介作用。

H8-1：感知价值的价格价值在海洋旅游活动偏好和态度之间具有中介作用。

H8-2：感知价值的情感价值在海洋旅游活动偏好和态度之间具有中介作用。

H8-3：感知价值的社会价值在海洋旅游活动偏好和态度之间具有中介作用。

H8-4：感知价值的获得价值在海洋旅游活动偏好和态度之间具有中介作用。

第二节　调查设计与资料搜集

一、变量的操作性定义

（一）海洋旅游活动偏好

本书在整合并拓展前人研究成果的基础上，将海洋这一概念扩展至海岸线、近海以及远洋的广阔领域。据此，可以将海洋旅游定义为游客在沿海陆地

---

[1] 李厚锡. Pine 和 Gilmore 的体验要素对农村游客满足的影响研究：以感知价值为中介效应[J]. 旅游研究杂志，2015，29（3）：109-121.

[2] 梁吉承. 农村旅游服务质量和旅游态度之间的关系中知觉价值的中介效果分析[J]. 旅游研究杂志，2014，28（5）：181-193.

与海洋区域内，对自然资源、人文资源、产业资源以及海洋娱乐活动进行的一系列探索和体验。所谓海洋旅游活动偏好指旅游者在选择海洋旅游活动时所表现出的个人倾向，包括他们的意图、喜好和目标等。根据海洋旅游资源及活动的类型，本书将海洋旅游活动偏好分为五大类：自然景观观赏型、人文景观观赏型、休闲运动型、体验型、购物·美食型。具体的分类内容如表2-6所示。

（二）海洋旅游舒适度认识

学术界尚未对海洋旅游舒适度的概念进行界定，本书综合分析了海岸、海岸与海洋观光、舒适度、乡村舒适度、城市舒适度以及海岛旅游舒适度等方面的研究成果，将海洋旅游舒适度定义为人们在沿海及海洋区域所感受到的舒适、愉悦、便利和满足感，涉及自然、人文、社会、经济等多方面。

本书基于舒适度相关要素，参考海洋旅游舒适度评价要素和海洋观光地特性等既有研究，将海洋旅游舒适度划分为安全性、舒适性、环境性、便利性、社会性、文化性六大方面。具体构成要素如表3-3所示。

（三）感知价值

本书基于相关研究，将感知价值界定为游客在海岸及海洋旅游地区体验自然资源、人文资源和社会资源时或在体验之后，对所接受服务效用的整体主观评价。这种感知价值包含价格价值（Price Value）、情绪价值（Emotional Value）、社会价值（Social Value）和获得价值（Acquisition Value），反映了海洋旅游特有的价值构成。具体评价因素如表4-1所示。

（四）态度

本书基于上述理论和实证研究成果，将海洋旅游态度定义为游客在完成海洋空间旅游后，基于认知、情感和潜在行为反应的内在心理状态。在此基础上，本书选取了济州岛和海南岛的海洋游客作为研究对象，以他们的总体满意度、重游意愿以及推荐意图作为衡量海洋旅游态度的主要指标。

二、资料收集和分析方法

本书的初步调查工作于 2023 年 6 月 1 日至 7 日通过电话咨询和社交媒体平台（Social Networking Services, SNS）进行。根据初步调查的分析结果及受访者的意见，最终调查问卷的内容由海洋旅游活动偏好、海洋旅游舒适度、感知价值、态度、人口统计学变量 5 类问题组成。

本书针对访问济州岛的韩国游客和赴海南岛旅游的中国游客（不包含港澳台地区的游客）进行问卷调查，设计了以下几类题目：海洋旅游活动偏好（18 题）、海洋旅游舒适度评价（25 题）以及感知价值评估（20 题）、总体满意度（1 题）、重访意图（1 题）和推荐意图（1 题）、人口统计学调查（8 题）。整个问卷共计 74 题，并于 2023 年 6 月 24 日至 7 月 10 日进行了为期 14 天的调查。

对于济州岛的韩国游客，本书采用了 SNS 和实地问卷调查的方式进行调查，共回收有效样本 545 份；而对于海南岛的中国游客（不包含港澳台地区的游客），则是通过当地旅行社进行问卷发放，经过数据清洗和编码后，从回收的 554 份问卷中得到 528 份有效样本。数据分析采用 SPSS 25.0，其具有广受认可的数据处理和统计分析能力；结构方程模型分析采用 SmartPLS 3.2.9 软件，其在进行复杂路径分析和模型拟合度评估方面具有优势。

为了解受访者的人口统计学特征，本书进行了频率分析；为了探索和验证影响因素，本书进行了可靠性和可行性测量，并运用多重回归分析法研究了海洋旅游活动偏好与感知价值之间的关系；为了验证海洋旅游舒适度认知在活动偏好与感知价值间关系的中介作用，本书遵循 Baron R M 和 Kenny D A 提出的步骤，通过层次回归分析进行检验[①]。

---

① Baron R M, Kenny D A. The moderator-mediator variable distinction in social psychological research: Conceptual, strategic, and statistical considerations[J]. Journal of Personality and Social Psychology, 1986, 51（6）：1173-1182.

第七章　实证分析

第一节　样本的一般特征

本书运用社会科学统计软件 SPSS 25.0，对样本进行了频率分析，以确定样本的一般特性。对海洋旅游活动偏好因素、海洋旅游舒适度认知因素和感知价值因素进行了信度和效度验证。

本书为了解访问济州的韩国游客和访问中国海南岛的中国游客（不包含港澳台地区的游客）对海洋旅游舒适度认识、海洋旅游活动偏好和感知价值认识，在收集的 1 099 个样本中，运用 1 073 个有效样本进行了实证分析。被调查者的一般人口统计学特征如表 7-1 所示。从调查对象的性别分布来看，男性为 568 名（52.9%），女性为 505 名（47.1%），从年龄分布来看，20 岁以下 65 名（6.0%）、20～29 岁 237 名（22.1%）、30～39 岁 270 名（25.2%）、40～49 岁 210 名（19.6%）、50～59 岁 201 名（18.7%）、60 岁以上 90 名（8.4%）；在学历层次方面，在读 4 年制大学或毕业者为 549 名（51.2%），在读专科或毕业者为 294 名（27.4%），高中毕业及以下者为 163 名（15.2%），在读研究生或毕业生为 67 名（6.2%）；从职业分布来看，受访者数量由多到少依次是办公室职员 275 名（25.6%）、技术工作者 192 名（17.9%）、专业工作者 132 名（12.3%）、学生 118 名（11.0%）、全职主妇 100 名（9.3%）、销售和服务人员 98 名（9.1%）、个体户 71 名（6.6%）、其他职业 70 名（6.5%）及农业、渔业、林业从业人员 17 名（1.6%），职业分布多样；从同行者来看，占比由高到低依次是与家人同行者 476 名（44.4%）、独自旅行者 292 名（27.2%）、与朋友同行者 245 名（22.8%）、与同事同行者 42 名（3.9%）、与团体同行者 18 名（1.7%）；从同行人数来看，同行者人数 2～3 人的有 402 名（37.5%）、4～5 人的有 295 名（27.5%）、独自旅行者 288 名（26.8%）、6～9 人的有 61 名（5.7%）、10 人以上同行者的有 27 名（2.5%）。

表 7-1　样本的人口统计学特征

区　分	项　目	人　数	百分比/%
性别	男性	568	52.9
	女性	505	47.1
年龄	20 岁以下	65	6.0
	20～29 岁	237	22.1
	30～39 岁	270	25.2
	40～49 岁	210	19.6
	50～59 岁	201	18.7
	60 岁以上	90	8.4
职业	办公室职员	275	25.6
	专业工作者	132	12.3
	技术	192	18.0
	销售和服务人员	98	9.1
	个体户	71	6.6
	全职家庭主妇	100	9.3
	学生	118	11.0
	从事农、渔、林业者	17	1.6
	其他	70	6.5

续表

区 分	项 目	人 数	百分比/%
学历	高中及以下	163	15.2
	大专在读/毕业	294	27.4
	大学在读/毕业	549	51.2
	研究生在读/毕业	67	6.2
同行人	独自旅行	292	27.2
	朋友	245	22.8
	家族	476	44.4
	同事	42	3.9
	团体	18	1.7
同行人数	独自旅行	288	26.8
	2～3人	402	37.5
	4～5人	295	27.5
	6～9人	61	5.7
	10人以上	27	2.5

第二节 信度与效度分析

一、探索性因子分析

本书采用 SPSS 25.0 软件对各变量进行了探索性因子分析，旨在评估各指标的信度和效度。在分析信度时，本书采用了内在一致性分析方法，运用克隆巴赫系数（Cronbach's α）来识别并剔除那些影响信度指标的项目，包括预调查，以删除信效度较低的项目，并对问卷进行最终整理，以便进行调查和开发统计分析量表。基于现有研究成果开发的测量项目，本书构建的模型中包括 5 个海洋旅游活动偏好变量、6 个海洋旅游舒适度变量和 4 个感知价值变量，以评估它们的信度和效度。为了确保分析的可靠性，本书利用 SPSS 25.0 进行了探索性因子分析和信效度分析。

根据探索性因子分析的结果，本书剔除了相关性较低的项目以及因子载荷 0.6 以下的项目，并通过验证克隆巴赫系数对测量项目进行了精简。在因子提取过程中，本书采用了主成分分析法和因子分析法，并在因子旋转中使用了 Varimax 旋转方法进行因子独立性检验。信度分析采用克隆巴赫系数，以 0.7 以上为标准。研究发现，海洋旅游活动偏好的潜变量可分为 5 个因素。在探索性因子分析中，本书通过 KMO（Kaiser-Meyer-Olkin）和巴特利特球形检验（Bartlett's Test of Sphericity）验证了模型的效度，其中 KMO 为 0.837（大于 0.5），由 Kaiser 给出的 KMO 度量标准可知，问卷题项适合做因子分析；巴特利特球形检验的 P 小于 0.05，认为相关系数矩阵与单位矩阵存在显著差异。通过因子分析得出海洋旅游活动偏好的休闲运动型（因子 1）的克隆巴赫系数为 0.858，体验型（因子 2）的克隆巴赫系数为 0.785，自然景观欣赏型（因子 3）的克隆巴赫系数为 0.705，人文景观观赏型（因子 4）的克隆巴赫系数为 0.770，购物·美食型（因子 5）的克隆巴赫系数为 0.730，这些值均超过了 0.6 的临界值，说明海洋旅游活动偏好的 5 个因子均具有良好的信度。海洋旅游活动偏好的探索性因子分析和信效度分析结果如表 7-2 所示。

表 7-2　海洋旅游活动偏好的探索性因子分析及信效度分析

| 题项 | | 因子负荷量 | | | | |
		1	2	3	4	5
因子 1：休闲运动型	体验游艇、游览船等（LS1）	0.659				
	体验冲浪等水上运动（LS2）	0.908				
	体验全地形车等海岸运动（LS3）	0.857				
	体验潜水、海底漫步（LS4）	0.786				

续表

题项		因子负荷量				
		1	2	3	4	5
因子2：体验型	体验温泉桑拿（E1）		0.825			
	体验海水浴场（E2）		0.751			
	体验海边节庆等庆典活动（E3）		0.755			
	体验高品质海洋主题度假村（E5）		0.599			
因子3：自然景观观赏型	观赏日出、日落景观（NL1）			0.798		
	观赏海岸道路景观（NL2）			0.860		
	观赏河口等海岸地形景观（NL3）			0.753		
因子4：人文景观观赏型	游览历史遗迹等（HL1）				0.779	
	游览渔村、渔港（HL2）				0.831	
	游览水族馆等主题旅游景区（HL3）				0.637	
因子5：购物·美食型	购买海鲜等旅游产品（SR1）					0.702
	体验海边美食（SR2）					0.835
	体验海边咖啡厅（SR3）					0.760
特征根（Eigenvalue）		2.927	2.495	2.119	1.995	1.945
方差解释率（%）		17.219	14.676	12.465	11.734	11.439
累计方差解释率（%）		17.219	31.894	44.360	56.093	67.532
克隆巴赫系数		0.858	0.785	0.705	0.770	0.730

注：① KMO=0.837，巴特利特球形检验结果为 7 018.071（df=136，$P \leqslant 0.000$）

② E4（体验海钓）除外。

本书通过主成分分析与因子分析确定了海洋旅游舒适度的 6 个因子，分别为环境性、安全性、文化性、便利性、社会性和舒适性。通过分析得出 KMO 为 0.947（大于 0.5），由 Kaiser 给出的 KMO 度量标准可知，问卷题项适合做因子分析；巴特利特球形检验的 P 小于 0.05，认为相关系数矩阵与单位矩阵存在显著差异。

此外，本书通过信度分析得出，海洋旅游舒适度的各因子克隆巴赫系数均高于 0.7，表明数据具有很高的可靠性。其中，环境性（因子 1）的克隆巴赫系数为 0.890，安全性（因子 2）的克隆巴赫系数为 0.875，文化性（因子 3）的克隆巴赫系数为 0.800，便利性（因子 4）的克隆巴赫系数为 0.832，社会性（因子 5）的克隆巴赫系数为 0.847，舒适性（因子 6）的克隆巴赫系数为 0.808。具体内容如表 7-3 所示。

表 7-3　海洋旅游舒适度的探索性因子分析及信效度分析

题项		因子负荷量					
		1	2	3	4	5	6
因子 1：环境性	海岸自然环境没有被破坏，得到了很好的保护（A-E1）	0.683					
	海边建筑物和设施等亲近自然（A-E2）	0.784					
	海岸旅游景区没有破坏环境的因素（如废水、树枝残骸、垃圾）（A-E3）	0.753					
	开发海水浴场时比较好地保留了自然地形（A-E4）	0.725					

续表

题项		因子负荷量					
		1	2	3	4	5	6
因子2：安全性	海岸地区是否安全，不受犯罪及灾害威胁（A-SA1）		0.733				
	使用娱乐设施及海上运动设施时不用担心安全问题（A-SA2）		0.813				
	海水浴场有数量充足的救生设备（A-SA3）		0.725				
	发生危险时能够比较容易地请求帮助（A-SA4）		0.709				
	不用担心海岸道路交通安全（A-SA5）		0.702				
因子3：文化性	能够直接体验海洋文化（A-CL1）			0.726			
	能够直接参观当地传统建筑以及历史遗迹（A-CL2）			0.765			
	能够直接参与当地海边文化节庆活动（A-CL3）			0.767			
	能够直接体验海上休闲运动（A-CL4）			0.780			

续表

题项		因子负荷量					
		1	2	3	4	5	6
因子4：便利性	海水浴场有数量充足的便利设施（如公共厕所、洗澡间、休息间）（A-CE1）				0.590		
	海岸旅游地周边餐饮设施齐全（如餐馆、咖啡厅、便利店）（A-CE2）				0.815		
	海岸旅游地旅游服务设施齐全（如指示牌、旅游地图）（A-CE3）				0.797		
	海岸旅游地周边公交车、出租车等公共交通工具使用便利（A-CE4）				0.607		
因子5：社会性	当地居民对游客态度亲切（A-SO1）					0.750	
	当地居民对海岸旅游地的历史文化比较了解（A-SO2）					0.799	
	当地政府积极支持海岸以及海洋旅游（A-SO3）					0.670	

续表

题项		因子负荷量					
		1	2	3	4	5	6
因子6：舒适性	空气和水质干净（A-CT1）						0.741
	海岸地区没有不好的味道（如海草、鱼类腐烂的味道）（A-CT2）						0.755
	使用海水浴场时，没有蚊虫、螨虫、海蜇等的困扰（A-CT3）						0.545
	海岸旅游地内游客不拥挤，感到舒畅（A-CT4）						0.575
特征根（Eigenvalue）		3.496	3.473	2.991	2.504	2.371	2.249
方差解释率（%）		14.566	14.472	12.462	10.435	9.878	9.371
累计方差解释率（%）		14.566	29.039	41.501	51.935	61.814	71.185
克隆巴赫系数		0.890	0.800	0.875	0.832	0.847	0.808

注：① KMO=0.947，巴特利特球形检验结果为 15 632.984（df=276，$P \leq 0.000$）。

② A-CE5（海岸旅游地内能够便捷地使用无线网络？）除外。

本书通过主成分分析法与因子分析法确定了感知价值的 4 个因子，分别为价格价值、情绪价值、社会价值、获得价值。通过分析得出 KMO 为 0.946（大于 0.5），根据 Kaiser 给出的 KMO 度量标准可知，问卷题项适合做因子分析；巴特利特球形检验的 P 小于 0.05，认为相关系数矩阵与单位矩阵存在显著差异。

此外，本书对感知价值各因子的信度分析结果显示，价格价值（因子 1）、情绪价值（因子 2）、社会价值（因子 3）和获得价值（因子 4）的克隆巴赫系数分别为 0.915、0.887、0.931 和 0.889，这些系数均超过了 0.7 的临界值，表明研究数据具有较好的信度。具体内容如表 7-4 所示。

表 7-4 感知价值的探索性因子分析和信效度分析

测量问题		因子负荷量			
		1	2	3	4
因子 1：价格价值	本次旅游与所支付的费用相比，有足够的价值（PV1）	0.787			
	与其他景区相比，海岸旅游揲供了与价格相符的价值（PV2）	0.758			
	以恰当的价格提供了良好的服务（PV3）	0.804			
	愿意支付适当的费用（PV4）	0.685			
	本次旅游相对于付出的金钱更有价值（PV5）	0.763			
	本次旅游相对于付出的时间与精力更有价值（PV6）	0.728			
因子 2：情绪价值	海岸旅游为游客提供了别样的乐趣（EMV1）		0.702		
	海岸旅游为游客提供了新的体验（EMV2）		0.694		
	海岸旅游给予游客安定感（EMV3）		0.763		
	海岸旅游给了游客满足感（EMV4）		0.770		
	海岸旅游有助于缓解游客压力（EMV5）		0.771		
	海岸旅游给了游客摆脱日常生活的机会（EMV6）		0.792		

测量问题		因子负荷量			
		1	2	3	4
因子3：社会价值	海岸旅游提供了结识新朋友契机（SV1）			0.785	
	海岸旅游能够让游客在社会生活中突出自己（SV2）			0.895	
	海岸旅游能够给游客带来优越感（SV3）			0.858	
	海岸旅游让游客感到自豪（SV4）			0.808	
因子4：获得价值	海岸旅游的整体旅游质量很好（EAV1）				0.730
	海岸旅游景区的路线布置得不错，不会让游客觉得枯燥乏味（EAV2）				0.810
	通过海岸旅游景区达到了预期的旅游目的（EAV3）				0.749
	在旅游景点，游客可以体验高水平的服务（EAV4）				0.682
特征根（Eigenvalue）		4.219	3.926	3.605	2.820
方差解释率（%）		21.094	19.628	18.024	14.098
累计方差解释率（%）		21.094	40.722	58.746	72.845
克隆巴赫系数		0.915	0.887	0.931	0.889

注：KMO=0.946，巴特利特球形检验结果为 15 829.436（df=190，$P \leqslant 0.000$）。

二、验证性因子分析

本书采用最小平方法（Partial Least Square, PLS）分析本书所提出的研究模型，并以 SmartPLS 3.2.9 软件进行分析研究。

本书旨在通过以下 3 个指标对构建的模型信效度进行评估。

克隆巴赫系数（Cronbach's α）：学者 DeVellis 认为信度系数为 0.60 ～ 0.65 时，最好不要；0.65 ～ 0.70 为最低可接受值；0.70 ～ 0.80 时，相当好；0.80 ～ 0.90 时，非常好。

组合信度（Composite Reliability, CR）：若 CR ≥ 0.7，表明模型具有较好的可靠性；当 CR>0.6 时，模型可被接受。CR 越高，表明各指标间内部一致性越好。[1]

平均变异抽取量（Average Variance Extracted, AVE）：若 AVE > 0.5，则认为模型具有良好效度。[2]

根据以上标准，本书的海洋旅游活动偏好验证性因子分析如表 7-5 所示。

表 7-5　海洋旅游活动偏好验证性因子分析

构　面	问　项	聚合效度		内在一致性信度	
		因子负荷量	平均变异抽取量	克隆巴赫系数	组合信度
		>0.70	>0.50	0.70～0.90	0.60～0.90
休闲运动型	LS1	0.726	0.702	0.856	0.903
	LS2	0.917			
	LS3	0.866			
	LS4	0.830			

① Fornell C, Larcker D F. Evaluating structural equation models with unobservable variables and measurement error: Algebra and statistics[J]. Journal of Marketing Research, 1981,18（1）：39-51.

② Chin W W. The partial least squares approach to structural equation modeling[J]. Modern Methods for Business Research, 1998, 295（2）：295-336.

构　面	问　项	聚合效度		内在一致性信度	
		因子负荷量	平均变异抽取量	克隆巴赫系数	组合信度
		>0.70	>0.50	0.70~0.90	0.60~0.90
体验型	E1	0.744	0.602	0.787	0.858
	E2	0.761			
	E3	0.861			
	E5	0.732			
自然景观观赏型	NL1	0.799	0.683	0.770	0.866
	NL2	0.847			
	NL3	0.837			
人文景观观赏型	HL1	0.780	0.628	0.704	0.835
	HL2	0.860			
	HL3	0.734			
购物·美食型	SR1	0.885	0.638	0.743	0.840
	SR2	0.798			
	SR3	0.702			

注：E4（体验海钓）除外。

海洋旅游活动偏好的验证性因子分析是在剔除了探索性因子分析结果中因子负荷量较低的 E4（体验海钓）因素后进行的。分析结果如下：第一，因子1"休闲运动型"由 LS1（体验游艇、游览船等）、LS2（体验冲浪等水上运动）、LS3（体验全地形车等海岸运动）、LS4（体验潜水、海底漫步）组成，所有构成因素的外部因子负荷量均在 0.70 以上，平均变异抽取量为 0.702，克隆巴赫系数为 0.856，组合信度为 0.903。第二，因子2"体验型"由 E1（体验温泉桑拿）、E2（体验海水浴场）、E3（体验海边节庆等庆典活动）、E5（体验高品质海洋主题度假村）组成，所有构成因素的外部因子负荷量均在 0.70 以上，平均变异抽取量为 0.602，克隆巴赫系数为 0.787，组合信度（CR）为 0.858。第三，因子3"自然景观观赏型"由NL1（观赏日出、日落景观）、NL2（观赏海岸道路景观）、NL3（观赏河口等海岸地形景观）组成，所有构成因素的外部因子负荷量均在0.70以上，平均变异抽取量为0.683，Cronbach's α系数为0.770，组合信度为0.866。第四，因子4"人文景观观赏型"由HL1（游览历史遗迹等）、HL2（观赏渔村、渔港）、HL3（游览水族馆等主题旅游景区）组成，所有构成因素的外部因子负荷量均在0.70以上，平均变异抽取量为0.628，克隆巴赫系数为0.704，组合信度为0.835。第五，因子5"购物·美食型"由SR1（购买海鲜等旅游产品）、SR2（体验海边美食）、SR3（体验海边咖啡厅）组成，所有构成因素的外部因子负荷量均在0.70以上，平均变异抽取量为0.638，克隆巴赫系数为0.743，组合信度为0.840。根据以上分析结果，可以判定除探索性因子分析中E4（体验海钓）因素外，本书构建的海洋旅游活动偏好量表具有良好的信度与效度。

海洋旅游舒适度验证性因子分析是在剔除探索性因子分析中因子负荷量较低的A-CE5（在海岸旅游地内能够便捷地使用无线网络）因素后进行的。根据因子负荷量不小于0.7的要求，本书剔除了A-CT1（空气和水质等干净）因素。剔除后的验证结果如下：因子1"环境性"由A-E1（海岸自然环境没有被破坏，得到了很好的保护）、A-E2（海边建筑物和设施等亲近自然）、A-E3（海岸旅游景区没有破坏环境的因素，如废水、树枝残骸、垃圾）、A-E4（开发海水浴场时比较好地保留了自然地形）组成，所有构成因素的外部因子负荷量均在0.70以上，平均变异抽取量为0.752，克隆巴赫系数为0.890，组合信度为0.924。因子2"安全性"由A-SA1（海岸是否安全，不受犯罪及灾害威胁）、A-SA2（使用娱乐设施及海上运动设施时不用担心安全问题）、A-SA3（海水浴场有数量充足的救生设备）、A-SA4（发生危险时能够比较容易地请求帮助）、A-SA5（不用担心海岸道路交通安全）组成，所有构成因素的外部因子负荷量均在0.70以上，平均变异抽取量为0.676，克隆巴赫系数为0.879，组合信度为0.912。因子3"文化性"由A-CL1（能够直接体验到海洋文化）、A-CL2（能够直接参观当地传统建筑以及历史遗迹）、A-CL3（能够直接参与当地海边文化节庆活动）、A-CL4（能够直接体验海上休闲运动）组成，所有构成因素的外部因子负荷量均在 0.70 以上，平均变异抽选量为 0.728，克隆巴赫系数为 0.875，组合信度（CR）为 0.914。因子 4"便利性"由 A–CE1（海水浴场有充分的便利设施（公共厕所、洗澡间、休息间等）、A–CE2（海岸旅游地周边餐饮设施齐全（餐馆、咖啡厅、便利店等）、A–CE3（海岸旅游地旅游服务设施齐全（指示牌、旅游地图等））、A–CE4（海岸旅游地周边公交车、出租车等公共交通使用便利）组成，所有构成因素的外部因子负荷量均在 0.70 以上，平均变异抽选量为 0.665，克隆巴赫系数为 0.832，组合信度（CR）为 0.888。因子 5"社会性"由 A–SO1（当地居民对游客态度亲切）、A–SO2（当地居民对海岸旅游地的历史文化比较了解）、A–SO3（当地政府积极支持海岸以及海洋旅游）组成，所有构成因素的外部因子负荷量均在 0.70 以上，平均变异抽选量为 0.767，克隆巴赫系数为 0.848，组合信度（CR）为 0.908。因子 6"舒适性"由 A–CT2（海岸地区没有不好的味道（例如海草、鱼类腐烂的味道））、A–CT3（使用海水浴场时，没有蚊虫、螨虫、海蜇等害虫的困扰）、A–CT4（海岸旅游地内游客不拥挤，感到舒畅）组成，所有构成因素的外部因子负荷量均在 0.70 以上，平均变异抽选量为 0.739，克隆巴赫系数为 0.823，组合信度（CR）为 0.894。根据以上分析结果，可以判定本书构建的海洋旅游舒适度量表具有良好的信度与效度。具体内容如表 7-6 所示。

表 7-6　海洋旅游舒适度验证性因子分析

潜变量	指　标	聚合效度		内在一致性信度	
		因子负荷量	平均变异抽取量	克隆巴赫系数	组合信度
		>0.70	>0.50	0.70～0.90	0.60～0.90
环境性	A–E1	0.837	0.752	0.890	0.924
	A–E2	0.886			
	A–E3	0.874			
	A–E4	0.877			

潜变量	指标	聚合效度	内在一致性信度		
		因子负荷量	平均变异抽取量	克隆巴赫系数	组合信度
		>0.70	>0.50	0.70~0.90	0.60~0.90
安全性	A-SA1	0.765	0.676	0.879	0.912
	A-SA2	0.879			
	A-SA3	0.851			
	A-SA4	0.849			
	A-SA5	0.758			
文化性	A-CL1	0.867	0.728	0.875	0.914
	A-CL2	0.881			
	A-CL3	0.853			
	A-CL4	0.810			
便利性	A-CE1	0.834	0.665	0.832	0.888
	A-CE2	0.732			
	A-CE3	0.861			
	A-CE4	0.830			
社会性	A-SO1	0.873	0.767	0.848	0.908
	A-SO2	0.903			
	A-SO3	0.851			
舒适性	A-CT2	0.846	0.739	0.823	0.894
	A-CT3	0.860			
	A-CT4	0.872			

注：A-CT1（空气和水质等干净）在验证性因子分析中因子负荷量低于0.7，除外；A-CE5（海岸旅游地内能够便捷地使用无线网络）在探索性因子分析中因子负荷量低于0.5，除外。

感知价值的验证性因子分析结果如表7-7所示。因子1"价格价值"由PV1（本次旅游与所支付的费用相比，有足够的价值）、PV2（与其他景区相比，海岸旅游提供了与价格相符的价值）、PV3（以恰当的价格提供了良好的服务）、PV4（愿意支付适当的费用）、PV5（本次旅游相对于付出的金钱更有价值）、PV6（本次旅游相对于付出的时间与精力更有价值）组成，所有构成因素的外部因子负荷量均在 0.70 以上，平均变异抽取量为 0.705，克隆巴赫系数为 0.915，组合信度为 0.934。因子 2 "情绪价值" 由 EMV1（海岸旅游为游客提供了别样的乐趣）、EMV2（海岸旅游为游客提供了新的体验）、EMV3（海岸旅游给予游客安定感）、EMV4（海岸旅游给予游客满足感）、EMV5（海岸旅游有助于缓解压力）、EMV6（海岸旅游给了游客摆脱日常生活的机会）组成，所有构成因素的外部因子负荷量均在 0.70 以上，平均变异抽取量为 0.639，克隆巴赫系数为 0.887，组合信度为 0.914。因子 3 "社会价值" 由 SV1（海岸旅游提供了结识新朋友契机）、SV2（海岸旅游能够让游客在社会生活中突出自己）、SV3（海岸旅游能够给游客带来优越感）、SV4（海岸旅游让游客感到自豪）组成，所有构成因素的外部因子负荷量均在 0.70 以上，平均变异抽取量为 0.828，克隆巴赫系数为 0.931，组合信度为 0.951。因子 4 "获得价值" 由 EAV1（海岸旅游的整体旅游质量很好）、EAV2（海岸旅游景区的路线布置得不错，不会让游客觉得枯燥乏味）、EAV3（通过海岸旅游景区达到了预期的旅游目的）、EAV4（在旅游景点，游客可以体验高水平的服务）组成，所有构成因素的外部因子负荷量均在 0.70 以上，平均变异抽取量为 0.752，克隆巴赫系数为 0.890，组合信度为 0.924。根据以上分析结果，可以判定本书构建的感知价值量表具有良好的信度与效度。

表 7-7 感知价值验证性因子分析

潜变量	指　标	聚合效度		内在一致性信度	
		因子负荷量	平均变异抽取量	克隆巴赫系数	组合信度
		>0.70	>0.50	0.70～0.90	0.60～0.90
价格价值	PV1	0.857	0.705	0.915	0.934
	PV2	0.848			
	PV3	0.897			
	PV4	0.707			
	PV5	0.885			
	PV6	0.829			
情绪价值	EMV1	0.827	0.639	0.887	0.914
	EMV2	0.822			
	EMV3	0.808			
	EMV4	0.827			
	EMV5	0.762			
	EMV6	0.746			
社会价值	SV1	0.867	0.828	0.931	0.951
	SV2	0.942			
	SV3	0.930			
	SV4	0.899			
获得价值	EAV1	0.861	0.752	0.890	0.924
	EAV2	0.903			
	EAV3	0.826			
	EAV4	0.875			

第三节　研究模型检验

一、相关关系验证

本书对海洋旅游活动偏好、海洋旅游舒适度、感知价值 3 个变量进行了探索性因子分析。为了考察海洋旅游活动偏好、海洋旅游舒适度、感知价值和态度之间的相关性，本书进行了多元线性回归分析，分析结果如表 7-8 所示。

表 7-8　海洋旅游活动偏好与感知价值的相关关系检验结果

因变量	自变量	非标准化系数		标准系数	t	P	95%置信区间	
		B	标准误差	β			下限	上限
价格价值	休闲运动型	.172	.030	.172	5.792	.000***	.114	.230
	体验型	.094	.030	.094	3.165	.002**	.036	.152
	自然景观观赏型	.051	.030	.051	1.731	.084	−.007	.110
	人文景观观赏型	.133	.030	.133	4.466	.000***	.074	.191
	购物·美食型	.022	.030	.022	.750	.453	−.036	.081

R（.243），R^2（.059），F（13.415），P（.000），杜宾－沃森统计量（1.865）

续表

因变量	自变量	非标准化系数		标准系数	t	P	95%置信区间	
		B	标准误差	β			下限	上限
情绪价值	休闲运动型	.066	.028	.066	2.336	.020*	.011	.122
	体验型	.179	.028	.179	6.280	.000***	.123	.235
	自然景观观赏型	.239	.028	.239	8.392	.000***	.183	.183
	人文景观观赏型	.068	.028	.068	2.406	.016*	.013	.013
	购物·美食型	.193	.028	.193	6.789	.000***	.137	.137
R（.368），R^2（.135），F（33.436），P（.000），杜宾 – 沃森统计量（1.904）								
社会价值	休闲运动型	.279	.028	.279	10.083	.000***	.225	.333
	体验型	−.091	.028	−.091	−3.304	.001**	−.146	−.037
	自然景观观赏型	−.055	.028	−.055	−1.970	.049*	−.109	.000
	人文景观观赏型	.301	.028	.301	10.873	.000***	.247	.355
	购物·美食型	−.052	.028	−.052	−1.890	.059	−.107	.002
R（.427），R^2（.183），F（47.650），P（.000），杜宾 – 沃森统计量（1.718）								
获得价值	休闲运动型	.121	.030	.121	4.056	.000***	.062	.180
	体验型	.055	.030	.055	1.839	.066	−.004	.113
	自然景观观赏型	.049	.030	.049	1.650	.099	−.009	.108
	人文景观观赏型	.173	.030	.173	5.785	.000***	.114	.231
	购物·美食型	.031	.030	.031	1.040	.299	−.028	.090
R（.225），R^2（.051），F（11.421），P（.000），杜宾 – 沃森统计量（1.949）								

注：* 表示 $P<0.05$，** 表示 $P<0.01$，*** 表示 $P<0.001$。

第一，本书运用 SPSS 进行多元线性回归分析，考察了海洋旅游活动偏好对感知价值中价格价值因素的影响，杜宾－沃森统计量为 1.865，接近 2，说明模型构建良好，不存在序列相关；F 为 13.415、P 为 .000（$P<0.5$），说明自变量海洋旅游活动偏好中的休闲运动型、体验型、自然景观观赏型、人文景观观赏型、购物·美食型 5 个潜变量，对因变量感知价值中的价格价值因素影响关系中，至少有 1 个具有显著性。研究结果显示，海洋旅游活动偏好度中除自然景观观赏型和购物·美食型以外，休闲运动型（$\beta=.172$，$P<.001$）、体验型（$\beta=.094$，$P<.001$）、人文景观观赏型（$\beta=.133$，$P<.001$）对感知价值中价格价值因素存在显著的正向影响；海洋旅游活动偏好的 3 个变量对感知价值中价格价值因素的影响力由大到小依次为体验型、人文景观观赏型、休闲运动型；R^2 为 0.059，说明海洋旅游活动偏好 5 个变量解释感知价值中价格价值因素的 5.9% 变异。

第二，考察海洋旅游活动偏好对感知价值中情绪价值因素的影响，杜宾－沃森统计量为 1.904，接近 2，说明模型构建良好，不存在序列相关；F 为 33.436、P 为 .000（$P<0.5$），说明自变量海洋旅游活动偏好中的休闲运动型、体验型、自然景观观赏型、人文景观观赏型、购物·美食型 5 个潜变量对因变量感知价值中的情绪价值因素影响关系中至少有 1 个具有显著性。研究结果显示，海洋旅游活动偏好中的休闲运动型（$\beta=.066$，$P<.05$）、体验型（$\beta=.179$，$P<.001$）、自然景观观赏型（$\beta=.239$，$P<.001$）、人文景观观赏型（$\beta=.068$，$P<.05$）、购物·美食型（$\beta=.193$，$P<.001$）等所有因素对感知价值中情绪价值因素存在显著的正向影响；海洋旅游活动偏好中的 5 个变量对感知价值的情绪价值中因素的影响力由大到小依次为休闲运动型、人文景观观赏型、体验型、购物·美食型、自然景观欣赏型；R^2 为 0.135，说明海洋旅游活动偏好 5 个变量解释感知价值中情绪价值因素的 13.5% 变异。

第三，考察海洋旅游活动偏好对感知价值中社会价值因素的影响，杜宾－沃森统计量为 1.718，接近 2，说明模型构建良好，不存在序列相关；F 为 47.650、P 为 .000（$P<0.5$），说明自变量海洋旅游活动偏好中的休闲运动型、体验型、自然景观观赏型、人文景观观赏型、购物·美食型 5 个潜变量对

因变量感知价值中的社会价值因素影响关系中，至少有 1 个具有显著性。研究结果显示，海洋旅游活动偏好中除购物·美食型以外的休闲运动型（β=.279，$P<.001$）、体验型（β=−.091，$P<.01$）、自然景观观赏型（β=−.055，$P<.05$）、人文景观观赏型（β=.301，$P<.001$）对感知价值中社会价值因素有显著影响；海洋旅游活动偏好中体验型和自然景观欣赏型对感知价值中的社会价值因素的影响为显著的负向影响，休闲运动型和人文景观观赏型对社会价值的影响为显著的正向影响。R^2 为 0.183，说明海洋旅游活动偏好 5 个变量解释感知价值中社会价值因素的 18.3% 变异。

由海洋旅游活动偏好对感知价值中获得价值因素的影响分析结果可知，杜宾－沃森统计量为 1.949，接近 2，说明模型构建良好，不存在序列相关；F 为 11.421、P 为 .000（$P<0.5$），说明在自变量海洋旅游活动偏好中的休闲运动型、体验型、自然景观观赏型、人文景观观赏型、购物·美食型 5 个潜变量对因变量感知价值中的获得价值因素影响关系中至少有 1 个具有显著性。研究结果显示，海洋旅游活动偏好中除体验型、自然景观观赏型、购物·美食型之外的休闲运动型（β=.121，$P<.001$）、人文景观观赏型（β=.173，$P<.001$）对感知价值中获得价值因素存在显著的正向影响；海洋旅游活动偏好中的 2 个变量对感知价值中获得价值因素的影响力由大到小依次为休闲体育型、人文景观观赏型；R^2 为 0.051，说明海洋旅游活动偏好 5 个变量解释感知价值中获得价值因素的 5.1% 变异。

关于假设 1 的检验结果如表 7-9 所示。从海洋旅游活动偏好与感知价值的关系的检验结果来看，海洋旅游活动偏好中除自然景观观赏型和购物·美食型外，休闲运动型（β=.172，$P<.001$）、体验型（β=.094，$P<.01$）、人文景观观赏型（β=.133，$P<.001$）对感知价值中价格价值因素存在显著的正向影响，因此假设 1-1 部分成立；海洋旅游活动偏好中休闲运动型（β=.066，$P<.05$）、体验型（β=.179，$P<.001$）、自然景观观赏型（β=.239，$P<.001$）、人文景观观赏型（β=.068，$P<.05$）、购物·美食型（β=.193，$P<.001$）等所有因素对感知价值中情绪价值因素存在显著的正向影响，因此假设 1-2 成立；海洋旅游活动偏好中除购物·美食型以外，休闲运动型（β=.279，$P<.001$）、体验型（β=

−.091，$P<.01$）、自然景观观赏型（$\beta=-.055$，$P<.05$）、人文景观观赏型（$\beta=.301$，$P<.001$）对感知价值中社会价值因素呈显著影响；海洋旅游活动偏好中体验型和自然景观欣赏型对感知价值中的社会价值因素的影响为显著的负向影响，休闲运动型和人文景观观赏型对社会价值的影响为显著的正向影响，因此假设1−3部分成立；海洋旅游活动偏好中除体验型、自然景观欣赏型、购物美食型之外，休闲运动型（$\beta=.121$，$P<.001$）、人文景观观赏型（$\beta=.173$，$P<.001$）对感知价值中获得价值因素存在显著的正向影响，因此假设1−4部分成立。

表7-9　假设1检验结果

假设1	自变量	→	因变量	假设检验结果
1-1	休闲运动型	→	价格价值	成立
	体验型	→	价格价值	成立
	自然景观观赏型	→	价格价值	不成立
	人文景观观赏型	→	价格价值	成立
	购物·美食型	→	价格价值	不成立
1-2	休闲运动型	→	情绪价值	成立
	体验型	→	情绪价值	成立
	自然景观观赏型	→	情绪价值	成立
	人文景观观赏型	→	情绪价值	成立
	购物·美食型	→	情绪价值	成立
1-3	休闲运动型	→	社会价值	成立
	体验型	→	社会价值	不成立
	自然景观观赏型	→	社会价值	不成立
	人文景观观赏型	→	社会价值	成立
	购物·美食型	→	社会价值	不成立

续表

假设 1	自变量	→	因变量	假设检验结果
1-4	休闲运动型	→	获得价值	成立
	体验型	→	获得价值	不成立
	自然景观观赏型	→	获得价值	不成立
	人文景观观赏型	→	获得价值	成立
	购物·美食型	→	获得价值	不成立

第一，海洋旅游活动偏好与海洋旅游舒适度的相关关系检验结果如表7-10所示。本书运用 SPSS 进行多元线性回归分析，考察了海洋旅游活动偏好对海洋旅游舒适度中环境性因素的影响，杜宾－沃森统计量为 1.935，接近 2，说明模型构建良好，不存在序列相关；F 为 16.581、P 为 .000（$P<0.5$），说明自变量海洋旅游活动偏好中的休闲运动型、体验型、自然景观观赏型、人文景观观赏型、购物·美食型 5 个潜变量对因变量海洋旅游舒适度中环境性因素影响关系中至少有 1 个具有显著性。研究结果表明，海洋旅游活动偏好中除自然景观观赏型和购物·美食型以外，休闲运动型（$\beta=.151$，$P<.001$）、体验型（$\beta=-.059$，$P<.01$）、人文景观观赏型（$\beta=.213$，$P<.001$）对海洋旅游舒适度中环境性因素存在显著相关关系；其中，休闲运动型与体验型对海洋旅游舒适度中环境性因素存在显著正相关关系；海洋旅游活动偏好中的 2 个变量对海洋旅游舒适度中环境性因素的影响力由大到小依次为休闲运动型、人文景观观赏型；R^2 为 0.072，说明海洋旅游活动偏好中的 5 个变量解释海洋旅游舒适度中环境性因素的 7.2% 变异。

表 7-10　海洋旅游活动偏好与海洋旅游舒适度的相关关系检验结果

因变量	自变量	非标准化系数		标准系数	t	P	95%置信区间	
		B	标准误差	β			下限	上限
环境性	（常数）	1.546E-16	.029		.000	1.000	−.058	.058
	休闲运动型	.151	.029	.151	5.127	.000***	.093	.209
	体验型	−.059	.029	−.059	−1.991	.047*	−.117	−.001
	自然景观观赏型	−.003	.029	−.003	−.100	.921	−.061	.055
	人文景观观赏型	.213	.029	.213	7.226	.000***	.155	.271
	购物·美食型	−.019	.029	−.019	−.656	.512	−.077	.039
R（.269），R^2（.072），F（16.581），P（.000），杜宾－沃森统计量（1.935）								
安全性	（常数）	−9.793E-17	.029		.000	1.000	−.058	.058
	休闲运动型	.179	.029	.179	6.062	.000***	.121	.237
	体验型	.065	.029	.065	2.213	.027*	.007	.123
	自然景观观赏型	.065	.029	.065	2.220	.027*	.008	.123
	人文景观观赏型	.150	.029	.150	5.071	.000***	.092	.207
	购物·美食型	.095	.029	.095	3.211	.001**	.037	.153
R（.268），R^2（.072），F（16.520），P（.000），杜宾－沃森统计量（1.982）								

续表

因变量	自变量	非标准化系数		标准系数	t	P	95%置信区间	
		B	标准误差	β			下限	上限
文化性	（常数）	−1.283E−17	.029		.000	1.000	−.057	.057
	休闲运动型	.244	.029	.244	8.428	.000***	.187	.300
	体验型	.140	.029	.140	4.847	.000***	.083	.197
	自然景观观赏型	.105	.029	.105	3.637	.000***	.048	.162
	人文景观观赏型	.114	.029	.114	3.952	.000***	.057	.171
	购物·美食型	.075	.029	.075	2.605	.009**	.019	.132
R（.330），R^2（.109），F（26.030），P（.000），杜宾－沃森统计量（1.987）								
便利性	（常数）	−2.090E−16	.029		.000	1.000	−.058	.058
	休闲运动型	.019	.029	.019	.644	.520	−.039	.077
	体验型	.185	.029	.185	6.287	.000***	.127	.242
	自然景观观赏型	.112	.029	.112	3.817	.000***	.054	.170
	人文景观观赏型	.040	.029	.040	1.365	.173	−.018	.098
	购物·美食型	.179	.029	.179	6.081	.000***	.121	.236
R（.284），R^2（.080），F（18.671），P（.000），杜宾－沃森统计量（2.001）								

因变量	自变量	非标准化系数		标准系数	t	P	95%置信区间	
		B	标准误差	β			下限	上限
社会性	（常数）	−1.011E−16	.029		.000	1.000	−.058	.058
	休闲运动型	.133	.029	.133	4.531	.000***	.076	.191
	体验型	.038	.029	.038	1.307	.191	−.019	.096
	自然景观观赏型	−.045	.029	−.045	−1.530	.126	−.103	.013
	人文景观观赏型	.235	.029	.235	7.976	.000***	.177	.292
	购物·美食型	.034	.029	.034	1.171	.242	−.023	.092
R（.278），R^2（.077），F（17.913），P（.000），杜宾 – 沃森统计量（1.838）								
舒适性	（常数）	1.415E−16	.030		.000	1.000	−.059	.059
	休闲运动型	.020	.030	.020	.670	.503	−.039	.079
	体验型	.019	.030	.019	.636	.525	−.040	.078
	自然景观观赏型	.144	.030	.144	4.761	.000***	.084	.203
	人文景观观赏型	.081	.030	.081	2.668	.008**	.021	.140
	购物·美食型	.032	.030	.032	1.056	.291	−.027	.091
R（.170），R^2（.029），F（6.351），P（.000），杜宾 – 沃森统计量（2.027）								

注：* 表示 $P<0.05$，** 表示 $P<0.01$，*** 表示 $P<0.001$。

第二，本书考察了海洋旅游活动偏好对海洋旅游舒适度中安全性因素的影响，杜宾 – 沃森统计量为 1.982，接近 2，说明模型构建良好，不存在序列相关；F 为 16.520、P 为 .000（$P<0.5$），说明自变量海洋旅游活动偏好中的休闲

运动型、体验型、自然景观观赏型、人文景观观赏型、购物·美食型5个潜变量对因变量海洋旅游舒适度中安全性因素影响关系中至少有1个具有显著性。研究结果表明，海洋旅游活动偏好中休闲运动型（β=.179，P<.001）、体验型（β=.065，P<.05）、自然景观欣赏型（β=.065，P<.05）、人文景观观赏型（β=.150，P<.001）、购物·美食型（β=.095，P<.01）等所有因素对海洋旅游舒适度中安全性因素存在显著的正向影响；海洋旅游活动偏好中的5个变量对海洋旅游舒适度中安全性的影响由大到小依次为休闲运动型、人文景观观赏型、购物·美食型、体验型、自然景观观赏型；R^2为0.072，说明海洋旅游活动偏好5个变量解释海洋旅游舒适度中安全性因素的7.2%变异。

第三，考察海洋旅游活动偏好对海洋旅游舒适度中文化性因素的影响，杜宾－沃森统计量为1.987，接近2，说明模型构建良好，不存在序列相关；F为26.030、P为.000（P<0.5），说明自变量海洋旅游活动偏好中的休闲运动型、体验型、自然景观观赏型、人文景观观赏型、购物·美食型5个潜变量对因变量海洋旅游舒适度中文化性因素影响关系中至少有1个具有显著性。研究结果表明，海洋旅游活动偏好中休闲运动型（β=.224，P<.001）、体验型（β=.140，P<.001）、自然景观观赏型（β=.105，P<.001）、人文景观观赏型（β=.105，P<.001）、购物·美食型（β=.075，P<.01）等所有因素对海洋旅游舒适度中文化性因素存在显著的正向影响；海洋旅游活动偏好中的5个变量对海洋旅游舒适度中文化性因素产生的影响力由大到小依次为休闲运动型、体验型、人文景观观赏型、自然景观观赏型、购物·美食型；R^2为0.109，说明海洋旅游活动偏好5个变量解释海洋旅游舒适度中文化性因素的10.9%变异。

第四，考察海洋旅游活动偏好对海洋旅游舒适度中便利性因素的影响，杜宾－沃森统计量为2.001，接近2，说明模型构建良好，不存在序列相关；F为18.671、P为.000（P<0.5），说明自变量海洋旅游活动偏好中的休闲运动型、体验型、自然景观观赏型、人文景观观赏型、购物·美食型5个潜变量对因变量海洋旅游舒适度中便利性因素影响关系中至少有1个具有显著性。研究结果表明，海洋旅游活动偏好中除休闲运动型和自然景观观赏型外的体验型（β=.185，P<.001）、人文景观观赏型（β=.112，P<.001）、购物·美食型

（β=.179，P<.001）对海洋旅游舒适度中便利性因素存在显著的正向影响；海洋旅游活动偏好中的3个变量对海洋旅游舒适度中便利性因素产生的影响力由大到小依次为体验型、购物·美食型、人文景观观赏型；R^2 为 0.080，说明海洋旅游活动偏好 5 个变量解释海洋旅游舒适度中便利性因素的 8.0% 变异。

　　第五，考察海洋旅游活动偏好对海洋旅游舒适度中社会性因素的影响，杜宾－沃森统计量为 1.838，接近 2，说明模型构建良好，不存在序列相关；F 为 17.913、P 为 .000（P<0.5），说明自变量海洋旅游活动偏好中的休闲运动型、体验型、自然景观观赏型、人文景观观赏型、购物·美食型 5 个潜变量对因变量海洋旅游舒适度中社会性因素影响关系中至少有 1 个具有显著性。研究结果表明，海洋旅游活动偏好中除体验型、自然景观观赏型和购物·美食型之外的休闲运动型（β=.133，P<.001）、人文景观观赏型（β=.235，P<.001）对海洋旅游舒适度中社会性因素存在显著的正向影响；海洋旅游活动偏好中的 2 个变量对海洋旅游舒适度中社会性因素的影响力由大到小依次为人文景观观赏型、休闲运动型；R^2 为 0.077，说明海洋旅游活动偏好 5 个变量解释海洋旅游舒适度中社会性因素的 7.7% 变异。

　　第六，考察海洋旅游活动偏好对海洋旅游舒适度中舒适性因素的影响，杜宾－沃森统计量为 2.027，接近 2，说明模型构建良好，不存在序列相关；F 为 6.351、P 为 .000（P<0.5），说明自变量海洋旅游活动偏好中的休闲运动型、体验型、自然景观观赏型、人文景观观赏型、购物·美食型 5 个潜变量对因变量海洋旅游舒适度中舒适性因素影响关系中至少有 1 个具有显著性。研究结果表明，海洋旅游活动偏好中除休闲运动型、体验型和购物·美食型以外，自然景观观赏型（β=.144，P<.001）、人文景观观赏型（β=.081，P<.01）对海洋旅游舒适度中舒适性因素存在显著的正向影响；其产生的影响力由大到小依次为自然景观观赏型、人文景观观赏型；R^2 为 0.029，说明海洋旅游活动偏好中的 5 个变量解释海洋旅游舒适度中舒适性因素的 2.9% 变异。

　　假设 2 的检验结果如表 7-11 所示。从海洋旅游活动偏好对海洋旅游舒适度的影响关系检验结果来看，海洋旅游活动偏好中除自然景观欣赏型和购物·美食型外的休闲运动型（β=.151，P<.001）、体验型（β=-.059，P<.01）、

人文景观观赏型（$\beta=.213$，$P<.001$）对海洋旅游舒适度中环境性因素存在显著关系，其中休闲运动型和人文景观观赏型对环境性因素的影响为显著正向影响，体验型对环境性因素的影响为显著负向影响。因此，假设2-1部分成立。

表7-11　假设2检测结果

假设2	自变量	→	因变量	假设检测结果
2-1	休闲运动型	→	环境性	成立
	体验型	→	环境性	不成立
	自然景观观赏型	→	环境性	不成立
	人文景观观赏型	→	环境性	成立
	购物·美食型	→	环境性	不成立
2-2	休闲运动型	→	安全性	成立
	体验型	→	安全性	成立
	自然景观观赏型	→	安全性	成立
	人文景观观赏型	→	安全性	成立
	购物·美食型	→	安全性	成立
2-3	休闲运动型	→	文化性	成立
	体验型	→	文化性	成立
	自然景观观赏型	→	文化性	成立
	人文景观观赏型	→	文化性	成立
	购物·美食型	→	文化性	成立
2-4	休闲运动型	→	便利性	不成立
	体验型	→	便利性	成立
	自然景观观赏型	→	便利性	成立
	人文景观观赏型	→	便利性	不成立
	购物·美食型	→	便利性	成立

假设2	自变量	→	因变量	假设检测结果
2-5	休闲运动型	→	社会性	成立
	体验型	→	社会性	不成立
	自然景观观赏型	→	社会性	不成立
	人文景观观赏型	→	社会性	成立
	购物·美食型	→	社会性	不成立
2-6	休闲运动型	→	舒适性	不成立
	体验型	→	舒适性	不成立
	自然景观观赏型	→	舒适性	成立
	人文景观观赏型	→	舒适性	成立
	购物·美食型	→	舒适性	不成立

海洋旅游活动偏好中休闲运动型（β=.179，P<.001）、体验型（β=.065，P<.05）、自然景观观赏型（β=.065，P<.05）、人文景观观赏型（β=.150，P<.001）、购物·美食型（β=.095，P<.01）等所有因素对海洋旅游舒适度中安全性因素存在显著的正向影响。因此，假设2-2成立。

另外，海洋旅游活动偏好中休闲运动型（β=.224，P<.001）、体验型（β=.140，P<.001）、自然景观观赏型（β=.105，P<.001）、人文景观观赏型（β=.114，P<.001）、购物·美食型（β=.075，P<.01）等所有因素对海洋旅游舒适度中文化性因素存在显著的正向影响。因此，假设2-3成立。

海洋旅游活动偏好中除休闲运动型和自然景观观赏型外，体验型（β=.185，P<.001）、人文景观观赏型（β=.112，P<.001）、购物·美食型（β=.179，P<.001）对海洋旅游舒适度中便利性因素存在显著的正向影响。因此，假设2-4部分成立。

海洋旅游活动偏好中除体验型、自然景观观赏型及购物·美食型外，休闲运动型（β=.133，P<.001）、人文景观观赏型（β=.235，P<.001）对海洋旅游舒适度中社会性因素存在显著的正向影响。因此，假设2-5部分成立。

海洋旅游活动偏好中除休闲运动型、体验型和购物·美食型外，自然景观欣赏型（β=.144，P<.001）、人文景观观赏型（β=.081，P<.01）对海洋旅游舒适度中舒适性因素存在显著的正向影响。因此，假设 2-6 部分成立。

海洋旅游舒适度与感知价值的相关关系检验结果如表 7-12 所示。

表 7-12　海洋旅游舒适度与感知价值的相关关系检验结果

因变量	自变量	非标准化系数		标准系数	t	P	95%置信区间	
		B	标准误差	β			下限	上限
价格价值	（常数）	−7.592E−17	.027		.000	1.000	−.053	.053
	环境性	.247	.027	.247	9.136	.000***	.194	.300
	安全性	.157	.027	.157	5.809	.000***	.104	.210
	文化性	.215	.027	.215	7.957	.000***	.162	.268
	便利性	.177	.027	.177	6.570	.000***	.124	.230
	社会性	.213	.027	.213	7.881	.000***	.160	.266
	舒适性	.120	.027	.120	4.432	.000***	.067	.173
R（.472），R^2（.223），F（50.905），P（.000），杜宾－沃森统计量（1.930）								
情绪价值	（常数）	2.378E−16	.029		.000	1.000	−.057	.057
	环境性	−.045	.029	−.045	−1.552	.121	−.102	.012
	安全性	.110	.029	.110	3.790	.000***	.053	.167
	文化性	.170	.029	.170	5.853	.000***	.113	.227
	便利性	.186	.029	.186	6.393	.000***	.129	.243
	社会性	.037	.029	.037	1.284	.199	−.020	.094
	舒适性	.138	.029	.138	4.731	.000***	.081	.195
R（.313），R^2（.098），F（19.322），P（.000），杜宾－沃森统计量（1.890）								

续表

因变量	自变量	非标准化系数		标准系数	t	P	95%置信区间	
		B	标准误差	β			下限	上限
社会价值	（常数）	8.620E-17	.027		.000	1.000	−.053	.053
	环境性	.288	.027	.288	10.571	.000***	.234	.341
	安全性	.118	.027	.118	4.332	.000***	.064	.171
	文化性	.109	.027	.109	3.991	.000***	.055	.162
	便利性	−.042	.027	−.042	−1.545	.123	−.095	.011
	社会性	.312	.027	.312	11.451	.000***	.258	.365
	舒适性	.058	.027	.058	2.144	.032*	.005	.112
R（.459），R^2（.211），F（47.425），P（.000），杜宾－沃森统计量（1.760）								
获得价值	（常数）	5.559E-17	.029		.000	1.000	−.056	.056
	环境性	.165	.029	.165	5.782	.000***	.109	.222
	安全性	.180	.029	.180	6.306	.000***	.124	.236
	文化性	.131	.029	.131	4.567	.000***	.074	.187
	便利性	.138	.029	.138	4.808	.000***	.081	.194
	社会性	.152	.029	.152	5.318	.000***	.096	.208
	舒适性	.094	.029	.094	3.295	.001**	.038	.150
R（.358），R^2（.128），F（26.052），P（.000），杜宾－沃森统计量（1.969）								

注：* 表示 $P<0.05$，** 表示 $P<0.01$，*** 表示 $P<0.001$。

本书运用 SPSS 多元线性回归分析考察了海洋旅游舒适度对感知价值中价格价值因素的影响，杜宾－沃森统计量为 1.930，接近 2，说明模型构建良好，不存在序列相关；F 为 50.905、P 为 .000（$P<0.5$），说明自变量海洋旅游舒适度中的环境性、安全性、文化性、便利性、社会性、舒适性 6 个潜变量对因变

量感知价值中价格价值因素影响关系中至少有1个具有显著性。研究结果表明，海洋旅游舒适度中的环境性（β=.247，P<.001）、安全性（β=.157，P<.001）、文化性（β=.215，P<.001）、便利性（β=.177，P<.001）、社会性（β=.213，p<.001）、舒适性（β=.120，P<.001）等所有因素对感知价值中价格价值因素存在显著的正向影响；其对价值因素的影响力由大到小依次为环境性、文化性、社会性、便利性、安全性、舒适性；R^2 为 0.223，说明海洋旅游舒适度6个变量解释感知价值中价格价值因素的 22.3% 变异。

本书考察了海洋旅游舒适度对感知价值中情绪价值因素的影响，杜宾－沃森统计量为 1.890，接近 2，说明模型构建良好，不存在序列相关；F 为 19.322、P 为 .000（P<0.5），说明自变量海洋旅游舒适度中的环境性、安全性、文化性、便利性、社会性、舒适性6个潜变量对因变量感知价值中情绪价值因素影响关系中至少有1个具有显著性。研究结果表明，海洋旅游舒适度中除环境性和社会性以外，安全性（β=.110，P<.001）、文化性（β=.170，P<.001）、便利性（β=.186，P<.001）、舒适性（β=.138，P<.001）对感知价值中情绪价值因素存在显著的正向影响；其对感知价值的情绪价值因素影响力由大到小依次为便利性、文化性、舒适性、安全性；R^2 为 0.098，说明海洋旅游舒适度中的6个变量解释感知价值中情绪价值因素的 9.8% 变异。

本书考察了海洋旅游舒适度对感知价值中社会价值因素的影响，杜宾－沃森统计量为 1.760，接近 2，说明模型构建良好，不存在序列相关；F 为 47.425、P 为 .000（P<0.5），说明自变量海洋旅游舒适度中的环境性、安全性、文化性、便利性、社会性、舒适性6个潜变量对因变量感知价值中社会价值因素影响关系中至少有1个具有显著性。研究结果表明，海洋旅游舒适度中除便利性外的环境性（β=.288，P<.001）、安全性（β=.118，P<.001）、文化性（β=.109，P<.001）、社会性（β=.312，P<.001）、舒适性（β=.058，P<.05）对感知价值中社会价值因素存在显著的正向影响；其对感知价值中社会价值因素的影响力由大到小依次为社会性、环境性、安全性、文化性、舒适性；R^2 为 0.211，说明海洋旅游舒适度6个变量解释感知价值中社会价值因素的 21.1% 变异。

　　本书考察了海洋旅游舒适度对感知价值中获得价值因素的影响，杜宾－沃森统计量为 1.969，接近 2，说明模型构建良好，不存在序列相关；F 为 26.052、P 为 .000（$P<0.5$），说明自变量海洋旅游舒适度中的环境性、安全性、文化性、便利性、社会性、舒适性 6 个潜变量对因变量感知价值中获得价值因素影响关系中至少有 1 个具有显著性。研究结果表明，海洋旅游舒适度中环境性（$\beta=.165$，$P<.001$）、安全性（$\beta=.180$，$P<.001$）、文化性（$\beta=.131$，$P<.001$）、便利性（$\beta=.138$，$P<.001$）、社会性（$\beta=.152$，$P<.001$）、舒适性（$\beta=.094$，$P<.01$）等所有因素对感知价值中获得价值因素存在显著的正向影响；其对感知价值中获得价值因素的影响力由大到小依次为安全性、环境性、社会性、便利性、文化性、舒适性；R^2 为 0.128，说明海洋旅游舒适度中的 6 个变量解释感知价值中获得价值因素的 12.8% 变异。

　　根据表 7-13 海洋旅游舒适度对感知价值的影响关系检验结果，海洋旅游舒适度中环境性（$\beta=.247$，$P<.001$）、安全性（$\beta=.157$，$P<.001$）、文化性（$\beta=.215$，$P<.001$）、便利性（$\beta=.177$，$P<.001$）、社会性（$\beta=.213$，$P<.001$）、舒适性（$\beta=.120$，$P<.001$）等所有因素均对感知价值中价格价值因素存在显著的正向影响。因此，假设 3-1 成立。

　　海洋旅游舒适度中除环境性和社会性因素外，安全性（$\beta=.110$，$P<.001$）、文化性（$\beta=.170$，$P<.001$）、便利性（$\beta=.186$，$P<.001$）、舒适性（$\beta=.138$，$P<.001$）对感知价值中情绪价值因素存在显著的正向影响。因此，假设 3-2 部分成立。

　　海洋旅游舒适度中除便利性因素以外的环境性（$\beta=.288$，$P<.001$）、安全性（$\beta=.118$，$P<.001$）、文化性（$\beta=.109$，$P<.001$）、社会性（$\beta=.312$，$P<.001$）、舒适性（$\beta=.058$，$P<.05$）对感知价值中社会价值因素存在显著正向影响。因此，假设 3-3 部分成立。

　　海洋旅游舒适度中的环境性（$\beta=.165$，$P<.001$）、安全性（$\beta=.180$，$P<.001$）、文化性（$\beta=.131$，$P<.001$）、便利性（$\beta=.138$，$P<.001$）、社交性（$\beta=.152$，$P<.001$）、舒适性（$\beta=.094$，$P<.01$）等所有因素均对感知价值中获得价值因素存在显著的正向影响。因此，假设 3-4 成立。

表 7-13　假设 3 检验结果

假设3	自变量	→	因变量	假设检验结果
3-1	环境性	→	价格价值	成立
	安全性	→	价格价值	成立
	文化性	→	价格价值	成立
	便利性	→	价格价值	成立
	社会性	→	价格价值	成立
	舒适性	→	价格价值	成立
3-2	环境性	→	情绪价值	不成立
	安全性	→	情绪价值	成立
	文化性	→	情绪价值	成立
	便利性	→	情绪价值	成立
	社会性	→	情绪价值	不成立
	舒适性	→	情绪价值	成立
3-3	环境性	→	社会价值	成立
	安全性	→	社会价值	成立
	文化性	→	社会价值	成立
	便利性	→	社会价值	不成立
	社会性	→	社会价值	成立
	舒适性	→	社会价值	成立
3-4	环境性	→	获得价值	成立
	安全性	→	获得价值	成立
	文化性	→	获得价值	成立
	便利性	→	获得价值	成立
	社会性	→	获得价值	成立
	舒适性	→	获得价值	成立

海洋旅游活动偏好、海洋旅游舒适度、感知价值与态度的相关关系检验结果如表 7-14 所示。

表 7-14 海洋旅游活动偏好、海洋旅游舒适度、感知价值与态度的相关关系检验结果

因变量	自变量	非标准化系数		标准系数	t	P	95%置信区间	
		B	标准误差	β			下限	上限
态度	（常数）	4.032	.018		219.827	.000	3.996	4.068
	休闲运动型	.002	.018	.003	.108	.914	−.034	.038
	体验型	.082	.018	.132	4.496	.000***	.046	.119
	自然景观观赏型	.126	.018	.202	6.856	.000***	.090	.162
	人文景观观赏型	−.020	.018	−.032	−1.069	.285	−.056	.016
	购物·美食型	.074	.018	.119	4.022	.000***	.038	.110
R（.271），R^2（.073），F（16.909），P（.000），杜宾－沃森统计量（1.781）								
态度	（常数）	4.032	.018		219.296	.000	3.996	4.068
	环境性	−.043	.018	−.069	−2.348	.019*	−.079	−.007
	安全性	.070	.018	.113	3.824	.000***	.034	.106
	文化性	.069	.018	.111	3.763	.000***	.033	.105
	便利性	.106	.018	.170	5.745	.000***	.070	.142
	社会性	−.009	.018	−.015	−.497	.619	−.045	.027
	舒适性	.065	.018	.104	3.527	.000***	.029	.101
R（.264），R^2（.070），F（13.330），P（.000），杜宾－沃森统计量（1.763）								

续表

因变量	自变量	非标准化系数		标准系数	t	P	95%置信区间	
		B	标准误差	β			下限	上限
态度	（常数）	4.032	.018		229.829		3.998	4.066
	价格价值	.099	.018	.160	5.661	.000***	.065	.134
	情绪价值	.188	.018	.302	10.697	.000***	.153	.222
	社会价值	−.065	.018	−.104	−3.680	.000***	−.099	−.030
	获得价值	.097	.018	.156	5.540	.000***	.063	.132
R（.389），R^2（.152），F（47.678），P（.000），杜宾－沃森统计量（1.714）								

注：* 表示 $P<0.05$，** 表示 $P<0.01$，*** 表示 $P<0.001$。

本书运用 SPSS 多元线性回归分析考察了海洋旅游活动偏好、海洋旅游舒适度、感知价值对态度的影响。

首先，海洋旅游活动偏好对态度的影响检验结果表明，杜宾－沃森统计量为1.781，接近2，说明模型构建良好，不存在序列相关；F 为16.909、P 为.000（$P<0.5$），说明自变量海洋旅游活动偏好中的休闲运动型、体验型、自然景观观赏型、人文景观观赏型、购物·美食型5个潜变量对因变量态度的影响关系中至少有1个具有显著性。研究结果表明，海洋旅游活动偏好中除休闲运动型、人文景观观赏型外，体验型（β=.132，$P<.001$）、自然景观观赏型（β=.202，$P<.001$）、购物·美食型（β=.119，$P<.001$）对态度存在显著的正向影响；其对态度的影响力由大到小依次为自然景观观赏型、体验型、购物·美食型；R^2 为0.073，说明海洋旅游活动偏好5个变量解释态度的7.3%变异。

其次，考察海洋旅游舒适度对态度的影响，杜宾－沃森统计量为1.763，接近2，说明模型构建良好，不存在序列相关；F 为13.330、P 为.000（$P<0.5$），

说明在自变量海洋旅游舒适度中的环境性、安全性、文化性、便利性、社会性、舒适性 6 个潜变量对因变量态度的影响关系中至少有 1 个具有显著性。研究结果表明，海洋旅游舒适度中除社会性因素外，环境性（$\beta=-.069$，$P<.05$）、安全性（$\beta=.113$，$P<.001$）、文化性（$\beta=.111$，$P<.001$）、便利性（$\beta=.170$，$P<.001$）、舒适性（$\beta=.104$，$P<.001$）对态度存在显著相关关系。其中海洋旅游舒适度中除环境性因素对态度存在显著的负向影响外，安全性、文化性、便利性、舒适性因素对态度存在显著的正向影响；对态度的影响力由大到小依次为便利性、文化性、舒适性、安全性；R^2 为 0.098，说明海洋旅游舒适度 6 个变量解释态度的 9.8% 变异。

最后，考察感知价值对态度的影响，杜宾－沃森统计量为 1.714，接近 2，说明模型构建良好，不存在序列相关；F 为 47.678、P 为 .000（$P<0.5$），说明自变量感知价值中的价格价值、情绪价值、社会价值、获得价值 4 个潜变量对因变量态度的影响关系中至少有 1 个具有显著性。研究结果表明，感知价值中价格价值（$\beta=.160$，$P<.001$）、情绪价值（$\beta=.302$，$P<.001$）、社会价值（$\beta=-.104$，$P<.001$）和获得价值（$\beta=.156$，$P<.001$）等所有因素对态度存在显著影响。其中感知价值中除社会价值因素对态度存在显著的负向影响外，价格价值、情绪价值、获得价值因素对态度存在显著的正向影响；对态度产生的影响力由大到小依次是情绪价值、价格价值、获得价值；R^2 为 0.152，说明感知价值 4 个变量解释态度的 15.2% 变异。

根据表 7-15 假设 4、5、6 的检验结果，海洋旅游活动偏好中除休闲运动型和人文景观观赏型外，体验型（$\beta=.132$，$P<.001$）、自然景观欣赏型（$\beta=.202$，$P<.001$）、购物·美食型（$\beta=.119$，$P<.001$）对态度存在显著的正向影响。因此，假设 4-1 和 4-4 不成立，假设 4-2、4-3、4-5 成立。

表7-15　假设4、5、6检验结果

假设4、5、6	自变量	→	因变量	假设检验结果
4-1	休闲运动型	→	态度	不成立
4-2	体验型	→	态度	成立
4-3	自然景观观赏型	→	态度	成立
4-4	人文景观观赏型	→	态度	不成立
4-5	购物·美食型	→	态度	成立
5-1	环境性	→	态度	不成立
5-2	安全性	→	态度	成立
5-3	文化性	→	态度	成立
5-4	便利性	→	态度	成立
5-5	社会性	→	态度	不成立
5-6	舒适性	→	态度	成立
6-1	价格价值	→	态度	成立
6-2	情绪价值	→	态度	成立
6-3	社会价值	→	态度	不成立
6-4	获得价值	→	态度	成立

　　海洋旅游舒适度中除社会性因素外的环境性（$\beta=-.069$，$P<.05$）对态度存在显著的负向影响，安全性（$\beta=.113$，$P<.001$）、文化性（$\beta=.111$，$P<.001$）、便利性（$\beta=.170$，$P<.001$）、舒适性（$\beta=.104$，$P<.001$）对态度存在显著的正向影响。因此，假设5-1和5-5不成立，假设5-2、5-3、5-4、5-6成立。

　　感知价值中社会价值（$\beta=-.104$，$P<.001$）对态度存在显著的负向影响外，价格价值（$\beta=.160$，$P<.001$）、情绪价值（$\beta=.302$，$P<.001$）和获得价值（$\beta=.156$，$P<.001$）对态度存在显著的正向影响。因此，假设6-3不成立，假设6-1、6-2、6-4成立。

二、中介效应检验

　　为了验证各因素的中介效应，本书采用 Baron R M 和 Kenny D A 提出的因

果逐步回归三步法 ① 进行分析，其检验过程如下：第一，分析自变量对因变量的回归，检验回归系数的显著性；第二，分析自变量对中介变量的回归，检验回归系数的显著性；第三，分析加入中介变量后自变量对因变量的回归，检验两次回归系数的显著性。

本书在进行中介效应检验时，将海洋旅游活动偏好的休闲运动型、体验型、自然景观欣赏型、人文景观观赏型、购物·美食型5个因素设为自变量；海洋旅游舒适度的环境性、安全性、文化性、便利性、社会性、舒适性6个因素设为中介变量；感知价值的价格价值、情感价值、社会价值、获得价值4个因素设为中介变量；态度（满意度、重游意愿、推荐意图）设为因变量。

（一）海洋旅游舒适度中介效应检验

海洋旅游舒适度中环境性因素的中介效应检验结果如表7-16所示。

表7-16　海洋旅游舒适度中环境性因素的中介效应检验结果

模　型		非标准化系数		标准系数	t	P
		B	标准误差	β		
自变量→中介变量	（常数）	−9.793E−17	.029		.000	1.000
	休闲运动型	.179	.029	.179	6.062	.000***
	体验型	.065	.029	.065	2.213	.027*
	自然景观观赏型	.065	.029	.065	2.220	.027*
	人文景观观赏型	.150	.029	.150	5.071	.000***
	购物·美食型	.095	.029	.095	3.211	.001**

① Baron R M, Kenny D A. The moderator-mediator variable distinction in social psychological research: Conceptual, strategic, and statistical considerations[J]. Journal of Personality And Social Psychology, 1986, 51 (6): 1173-1182.

续表

模　型		非标准化系数		标准系数	*t*	*P*
		B	标准误差	*β*		
自变量→因变量	（常数）	4.032	.018		219.827	.000
	休闲运动型	.002	.018	.003	.108	.914
	体验型	.082	.018	.132	4.496	.000***
	自然景观观赏型	.126	.018	.202	6.856	.000***
	人文景观观赏型	−.020	.018	−.032	−1.069	.285
	购物·美食型	.074	.018	.119	4.022	.000***
自变量、中介变量→因变量	（常数）	4.032	.018		220.631	.000
	休闲运动型	−.008	.019	−.013	−.435	.663
	体验型	.079	.018	.127	4.301	.000***
	自然景观观赏型	.122	.018	.196	6.663	.000***
	人文景观观赏型	−.028	.019	−.045	−1.516	.130
	购物·美食型	.068	.018	.110	3.727	.000***
	环境性	.056	.019	.091	2.970	.003**

注：* 表示 $P<0.05$，** 表示 $P<0.01$，*** 表示 $P<0.001$。

为了检验海洋旅游舒适度中环境性因素在海洋旅游活动偏好与态度之间是否具有中介作用，本书进行了中介效应分析。第 1 阶段，本书确定了自变量海洋旅游活动偏好 5 个潜变量与中介变量环境性因素之间的关系，结果表明自变量海洋旅游活动偏好中休闲运动型（$β=.179$，$P<.001$）、体验型（$β=.065$，$P<.05$）、自然景观观赏型（$β=.065$，$P<.05$）、人文景观观赏型（$β=.150$，$P<.001$）、购物·美食型（$β=.095$，$P<.01$）5 个因素均对中介变量环境性因素有显著影响。第 2 阶段，本书检验了自变量对因变量的影响，检验结果表明自变量海洋旅游活动偏好中体验型（$β=.132$，$P<.0 01$）、自然景观观赏型（$β=.202$，$P<.001$）和购物·美食型（$β=.119$，$P<.001$）对因变量态度有显著

影响。第 3 阶段，本书检验了自变量海洋旅游活动偏好和中介变量环境性因素同时对因变量态度的影响，结果表明在第 1 阶段和第 2 阶段的检验中，均有显著影响的自变量为体验型、自然景观欣赏型、购物·美食型，其中体验型（.132 → .127）、自然景观欣赏型（.202 → .196）和购物·美食型（.119 → .110）在第 3 阶段检验的 β 比第 2 阶段检验的 β 有所减小。另外，在第 3 阶段的检验中体验型（$P<.001$）、自然景观观赏型（$P<.001$）和购物·美食型（$P<.001$）因素均证实对态度有显著影响。因此，可以证明海洋旅游舒适度中环境性因素在海洋旅游活动偏好中体验型、自然景观观赏型、购物·美食型 3 个因素和态度之间具有部分中介效应。

海洋旅游舒适度中安全性因素的中介效应检验结果如表 7-17 所示。

表 7-17　海洋旅游舒适度中安全性因素的中介效应检验结果

模　型		非标准化系数		标准系数	t	P
		B	标准误差	β		
自变量→中介变量	（常数）	1.546E−16	.029		.000	1.000
	休闲运动型	.151	.029	.151	5.127	.000***
	体验型	−.059	.029	−.059	−1.991	.047*
	自然景观观赏型	−.003	.029	−.003	−.100	.921
	人文景观观赏型	.213	.029	.213	7.226	.000***
	购物·美食型	−.019	.029	−.019	−.656	.512
自变量→因变量	（常数）	4.032	.018		219.827	.000
	休闲运动型	.002	.018	.003	.108	.914
	体验型	.082	.018	.132	4.496	.000***
	自然景观观赏型	.126	.018	.202	6.856	.000***
	人文景观观赏型	−.020	.018	−.032	−1.069	.285
	购物·美食型	.074	.018	.119	4.022	.000***

模　型		非标准化系数		标准系数	t	P
		B	标准误差	β		
自变量、中介变量→因变量	（常数）	4.032	.018		220.076	.000
	休闲运动型	.007	.019	.012	.394	.694
	体验型	.080	.018	.129	4.380	.000***
	自然景观观赏型	.126	.018	.202	6.858	.000***
	人文景观观赏型	−.012	.019	−.019	−.646	.519
	购物·美食型	.073	.018	.117	3.989	.000***
	安全性	−.035	.019	−.057	−1.850	.065

注：* 表示 $P<0.05$，** 表示 $P<0.01$，*** 表示 $P<0.001$。

为了检验海洋旅游舒适度中安全性因素在海洋旅游活动偏好与态度之间是否具有中介作用，本书进行了中介效应分析。第 1 阶段，本书确定了自变量海洋旅游活动偏好 5 个潜变量与中介变量安全性因素之间的关系，结果表明自变量海洋旅游活动偏好中休闲运动型（$β=.151$，$P<.001$）、体验型（$β=−.059$，$P<.05$）、人文景观观赏性（$β=.213$，$P<.001$）因素对中介变量安全性有显著影响。第 2 阶段，本书检验了自变量对因变量的影响，检验结果表明自变量海洋旅游活动偏好中体验型（$β=.132$，$P<.001$）、自然景观观赏型（$β=.202$，$P<.001$）和购物·美食型（$β=.119$，$P<.001$）对因变量的态度有显著影响。第 3 阶段，本书检验了自变量海洋旅游活动偏好和中介变量安全性同时对因变量态度的影响，结果表明在第 1 阶段和第 2 阶段的检验中，均有显著影响的自变量为体验型（$.132 \rightarrow .129$），且其在第 3 阶段检验的 β 比第 2 阶段检验的 β 有所减小。另外，在第 3 阶段的检验中证实了体验型（$P<.001$）因素对态度有显著影响。因此，海洋旅游舒适度中安全性因素在海洋旅游活动偏好中体验型因素和态度之间具有部分中介效应。

海洋旅游舒适度中文化性因素的中介效应检验结果如表 7-18 所示。

表 7-18　海洋旅游舒适度中文化性因素的中介效应检验结果

模　型		非标准化系数		标准系数	t	P
		B	标准误差	β		
自变量→中介变量	（常数）	−1.283E−17	.029		.000	1.000
	休闲运动型	.244	.029	.244	8.428	.000***
	体验型	.140	.029	.140	4.847	.000***
	自然景观观赏型	.105	.029	.105	3.637	.000***
	人文景观观赏型	.114	.029	.114	3.952	.000***
	购物·美食型	.075	.029	.075	2.605	.009**
自变量→因变量	（常数）	4.032	.018		219.827	.000
	休闲运动型	.002	.018	.003	.108	.914
	体验型	.082	.018	.132	4.496	.000***
	自然景观观赏型	.126	.018	.202	6.856	.000***
	人文景观观赏型	−.020	.018	−.032	−1.069	.285
	购物·美食型	.074	.018	.119	4.022	.000***
自变量、中介变量→因变量	（常数）	4.032	.018		220.293	.000
	休闲运动型	−.009	.019	−.015	−.483	.630
	体验型	.076	.019	.122	4.111	.000***
	自然景观观赏型	.121	.018	.194	6.568	.000***
	人文景观观赏型	−.025	.018	−.040	−1.346	.179
	购物·美食型	.070	.018	.113	3.831	.000***
	文化性	.046	.019	.073	2.351	.019*

注：* 表示 $P<0.05$，** 表示 $P<0.01$，*** 表示 $P<0.001$。

为了检验海洋旅游舒适度中文化性因素在海洋旅游活动偏好与态度之间是否具有中介作用，本书进行了中介效应分析。第1阶段，本书确定了自变量海洋旅游活动偏好5个潜变量与中介变量文化性因素之间的关系，结果表明自变量海洋旅游活动偏好中休闲运动型（β=.244，$P<.001$）、体验型（β=.140，$P<.001$）、自然景观观赏型（β=.105，$P<.001$）、人文景观观赏型（β=.114，$P<.001$）、购物·美食型（β=.075，$P<.01$）对中介变量文化性有显著影响。第2阶段，本书检验了自变量对因变量的影响，检验结果表明自变量海洋旅游活动偏好中体验型（β=.132，$P<.001$）、自然景观观赏型（β=.202，$P<.001$）、购物·美食型（β=.119，$P<.001$）对因变量态度有显著影响。第3阶段，本书检验了自变量海洋旅游活动偏好和中介变量文化性同时对因变量态度的影响，结果表明在第1阶段和第2阶段的检验中，均有显著影响的自变量为体验型、自然景观观赏型和购物·美食型，并且体验型（.132→.122）、自然景观观赏型（.202→.194）和购物·美食型（.119→.113）第3阶段检验的β比第2阶段检验的β有所减小。另外，在第3阶段的检验中证实了体验型（$P<.001$）、自然景观观赏型（$P<.001$）和购物·美食型（$P<.001$）对态度有显著影响。因此，海洋旅游舒适度中文化性因素在海洋旅游活动偏好中体验型、自然景观观赏型、购物·美食型3个因素和态度之间具有部分中介效应。

海洋旅游舒适度中便利性因素的中介效应检验结果如表7-19所示。

表 7-19 海洋旅游舒适度中便利性因素的中介效应检验结果

模 型		非标准化系数		标准系数	t	P
		B	标准误差	β		
自变量→ 中介变量	（常数）	−2.090E−16	.029		.000	1.000
	休闲运动型	.019	.029	.019	.644	.520
	体验型	.185	.029	.185	6.287	.000***
	自然景观观赏型	.112	.029	.112	3.817	.000***
	人文景观观赏型	.040	.029	.040	1.365	.173
	购物·美食型	.179	.029	.179	6.081	.000***
自变量→ 因变量	（常数）	4.032	.018		219.827	.000
	休闲运动型	.002	.018	.003	.108	.914
	体验型	.082	.018	.132	4.496	.000***
	自然景观观赏型	.126	.018	.202	6.856	.000***
	人文景观观赏型	−.020	.018	−.032	−1.069	.285
	购物·美食型	.074	.018	.119	4.022	.000***

续表

模 型		非标准化系数		标准系数	t	P
		B	标准误差	β		
自变量、中介变量→因变量	（常数）	4.032	.018		221.096	.000
	休闲运动型	.001	.018	.001	.036	.971
	体验型	.070	.019	.112	3.749	.000***
	自然景观观赏型	.118	.018	.190	6.424	.000***
	人文景观观赏型	−.022	.018	−.036	−1.227	.220
	购物·美食型	.061	.019	.099	3.309	.001**
	便利性	.070	.019	.112	3.654	.000***

注：* 表示 $P<0.05$，** 表示 $P<0.01$，*** 表示 $P<0.001$。

为了检验海洋旅游舒适度中便利性因素在海洋旅游活动偏好与态度之间是否具有中介作用，本书进行了中介效应分析。第 1 阶段，本书确定了自变量海洋旅游活动偏好 5 个潜变量与中介变量便利性因素之间的关系，结果表明自变量海洋旅游活动偏好中仅有体验型（$\beta=.185$，$P<.001$）因素对中介变量便利性有显著影响。第 2 阶段，本书检验了自变量对因变量的影响，检验结果表明自变量体验型（$\beta=.132$，$P<.001$）、自然景观观赏型（$\beta=.202$，$P<.001$）和购物·美食型（$\beta=.119$，$P<.001$）因素对因变量态度有显著影响。第 3 阶段，本书检验了自变量海洋旅游活动偏好和中介变量便利性同时对因变量态度的影响，结果表明在第 1 阶段和第 2 阶段的检验中，均有显著影响的自变量为体验型、自然景观观赏型和购物·美食型，其中体验型（$.132 \rightarrow .112$）、自然景观欣赏型（$.202 \rightarrow .190$）和购物·美食型（$.119 \rightarrow .099$）第 3 阶段检验的 β 比第 2 阶段检验的 β 有所减小。另外，在第 3 阶段的检验中证实了自变量体验型（$P<.001$）、自然景观欣赏型（$P<.001$）和购物·美食型（$P<.01$）因素均对因变量态度有显著影响。因此，海洋旅游舒适度中便利性因素在海洋旅游活动偏

好中体验型、自然景观观赏型、购物·美食型 3 个因素和态度之间具有部分中介效应。

海洋旅游舒适度中社会性因素的中介效应检验结果如表 7-20 所示。

表 7-20　海洋旅游舒适度中社会性因素的中介效应检验结果

模　型		非标准化系数		标准系数	t	P
		B	标准误差	β		
自变量→中介变量	（常数）	−1.011E−16	.029		.000	1.000
	休闲运动型	.133	.029	.133	4.531	.000***
	体验型	.038	.029	.038	1.307	.191
	自然景观观赏型	−.045	.029	−.045	−1.530	.126
	人文景观观赏型	.235	.029	.235	7.976	.000***
	购物·美食型	.034	.029	.034	1.171	.242
自变量→因变量	（常数）	4.032	.018		219.827	.000
	休闲运动型	.002	.018	.003	.108	.914
	体验型	.082	.018	.132	4.496	.000**
	自然景观观赏型	.126	.018	.202	6.856	.000**
	人文景观观赏型	−.020	.018	−.032	−1.069	.285
	购物·美食型	.074	.018	.119	4.022	.000**

注：* 表示 $P<0.05$，** 表示 $P<0.01$，*** 表示 $P<0.001$。

为了检验海洋旅游舒适度中社会性因素在海洋旅游活动偏好与态度之间是否具有中介作用，本书进行了中介效应分析。第 1 阶段，本书确定了自变量海洋旅游活动偏好 5 个潜变量与中介变量社会性因素之间的关系，结果表明自变量海洋旅游活动偏好中休闲运动型（β=.133，$P<.001$）和人文景观观赏型（β=.235，$P<.001$）对中介变量社会性有显著影响。第 2 阶段，本书检验了自变量对因变量的影响，检验结果表明自变量体验型（β=.132，$P<.001$）、自然景观观赏型（β=.202，$P<.001$）、购物·美食型（β=.119，$P<.001$）因素对因

变量态度有显著影响。结果表明在第 1 阶段和第 2 阶段中，没有相同的自变量因素同时对中介变量和因变量产生显著影响，不进行第 3 阶段分析。因此，海洋旅游舒适度中社会性因素在海洋旅游活动偏好与态度之间无中介效应。

海洋旅游舒适度中舒适性因素的中介效应检验结果如表 7-21 所示。

表 7-21　海洋旅游舒适度中舒适性因素的中介效应检验结果

模　型		非标准化系数		标准系数	t	P
		B	标准误差	β		
自变量→中介变量	（常数）	1.415E-16	.030		.000	1.000
	休闲运动型	.020	.030	.020	.670	.503
	体验型	.019	.030	.019	.636	.525
	自然景观观赏型	.144	.030	.144	4.761	.000***
	人文景观观赏型	.081	.030	.081	2.668	.008**
	购物·美食型	.032	.030	.032	1.056	.291
自变量→因变量	（常数）	4.032	.018		219.827	.000
	休闲运动型	.002	.018	.003	.108	.914
	体验型	.082	.018	.132	4.496	.000***
	自然景观观赏型	.126	.018	.202	6.856	.000***
	人文景观观赏型	−.020	.018	−.032	−1.069	.285
	购物·美食型	.074	.018	.119	4.022	.000***

续表

模　型		非标准化系数		标准系数	t	P
		B	标准误差	β		
自变量、中介变量→因变量	（常数）	4.032	.018		220.348	.000
	休闲运动型	.001	.018	.002	.058	.954
	体验型	.082	.018	.131	4.457	.000***
	自然景观观赏型	.119	.019	.191	6.445	.000***
	人文景观观赏型	−.023	.018	−.037	−1.269	.205
	购物·美食型	.072	.018	.116	3.950	.000***
	舒适性	.046	.019	.073	2.462	.014*

注：* 表示 $P<0.05$，** 表示 $P<0.01$，*** 表示 $P<0.001$。

为了检验海洋旅游舒适度中舒适性因素在海洋旅游活动偏好与态度之间是否具有中介作用，本书进行了中介效应分析。第 1 阶段，本书确定了自变量海洋旅游活动偏好 5 个潜变量与中介变量舒适性因素之间的关系，结果表明自变量海洋旅游活动偏好中自然景观观赏型（$\beta=.144$，$P<.05$）与人文景观观赏型（$\beta=.081$，$P<.001$）因素对中介变量舒适性有显著影响。第 2 阶段，本书检验了自变量对因变量的影响，检验结果表明自变量体验型（$\beta=.132$，$P<.001$）、自然景观观赏型（$\beta=.202$，$P<.001$）及购物·美食型（$\beta=.119$，$P<.001$）因素对因变量态度有显著影响。第 3 阶段，本书检验了自变量海洋旅游活动偏好和中介变量舒适性同时对因变量态度的影响，结果表明在第 1 阶段和第 2 阶段的检验中，均有显著影响的自变量为自然景观观赏型（$.202 \rightarrow .191$）因素，且其第 3 阶段检验的 β 比第 2 阶段检验的 β 有所减小。另外，在第 3 阶段的检验中证实了自变量自然景观观赏型（$P<.001$）因素对因变量态度有显著影响。因此，海洋旅游舒适度中舒适性因素在海洋旅游活动偏好中自然景观观赏型因素和态度之间之间具有部分中介效应。

假设 7 的检验结果如表 7-22 所示。海洋旅游舒适度在海洋旅游活动偏好与态度间的中介效应检验结果表明，海洋旅游舒适度中环境性因素在海洋旅游活动偏好中体验型、自然景观观赏型、购物·美食型因素和态度之间具有部分中介效应；海洋旅游舒适度中安全性因素在海洋旅游活动偏好中体验型因素和态度之间具有部分中介效应；海洋旅游舒适度中文化性因素在海洋旅游活动偏好中体验型、自然景观观赏型、购物·美食型和态度之间具有部分中介效应；海洋旅游舒适度中便利性因素在海洋旅游活动偏好中体验型、自然景观观赏型、购物·美食型和态度之间具有部分中介效应；海洋旅游舒适度中社会性因素在海洋旅游活动偏好和态度之间不存在中介效应；海洋旅游舒适度中舒适性因素在海洋旅游活动偏好中自然景观观赏型因素和态度之间具有部分中介效应。因此，假设 7 中的 7-1、7-2、7-3、7-4、7-6 部分成立，假设 7-5 不成立。

表 7-22　假设 7 检验结果

假设7	自变量	→	中介变量	→	因变量	假设检测	备　注
7-1	休闲运动型	→	环境性	→	态度	不成立	
	体验型	→	环境性	→	态度	成立	部分中介
	自然景观观赏型	→	环境性	→	态度	成立	部分中介
	人文景观观赏型	→	环境性	→	态度	不成立	
	购物·美食型	→	环境性	→	态度	成立	部分中介

假设7	自变量	→	中介变量	→	因变量	假设检测	备 注
7-2	休闲运动型	→	安全性	→	态度	不成立	
	体验型	→	安全性	→	态度	成立	部分中介
	自然景观欣赏型	→	安全性	→	态度	不成立	
	人文景观观赏型	→	安全性	→	态度	不成立	
	购物·美食型	→	安全性	→	态度	不成立	
7-3	休闲运动型	→	文化性	→	态度	不成立	
	体验型	→	文化性	→	态度	成立	部分中介
	自然景观观赏型	→	文化性	→	态度	成立	部分中介
	人文景观观赏型	→	文化性	→	态度	不成立	
	购物·美食型	→	文化性	→	态度	成立	部分中介
7-4	休闲运动型	→	便利性	→	态度	不成立	
	体验型	→	便利性	→	态度	成立	部分中介
	自然景观观赏型	→	便利性	→	态度	成立	部分中介
	人文景观观赏型	→	便利性	→	态度	不成立	
	购物·美食型	→	便利性	→	态度	成立	部分中介

续表

假设7	自变量	→	中介变量	→	因变量	假设检测	备　注
7-5	休闲运动型	→	社会性	→	态度	不成立	
	体验型	→	社会性	→	态度	不成立	
	自然景观观赏型	→	社会性	→	态度	不成立	
	人文景观观赏型	→	社会性	→	态度	不成立	
	购物·美食型	→	社会性	→	态度	不成立	
7-6	休闲运动型	→	舒适性	→	态度	不成立	
	体验型	→	舒适性	→	态度	不成立	
	自然景观观赏型	→	舒适性	→	态度	成立	部分中介
	人文景观观赏型	→	舒适性	→	态度	不成立	
	购物·美食型	→	舒适性	→	态度	不成立	

（二）感知价值在海洋旅游活动偏好与态度之间的中介效应检验

感知价值中价格价值因素的中介效应检验结果如表 7-23 所示。

表 7-23 感知价值中价格价值因素的中介效应检验结果

模 型		非标准化系数		标准系数	t	P
		B	标准误差	β		
自变量→中介变量	（常数）	−7.164E−17	.030		.000	1.000
	休闲运动型	.172	.030	.172	5.792	.000***
	体验型	.094	.030	.094	3.165	.002**
	自然景观观赏型	.051	.030	.051	1.731	.084
	人文景观观赏型	.133	.030	.133	4.466	.000***
	购物·美食型	.022	.030	.022	.750	.453
自变量→因变量	（常数）	4.032	.018		219.827	.000
	休闲运动型	.002	.018	.003	.108	.914
	体验型	.082	.018	.132	4.496	.000***
	自然景观观赏型	.126	.018	.202	6.856	.000***
	人文景观观赏型	−.020	.018	−.032	−1.069	.285
	购物·美食型	.074	.018	.119	4.022	.000***
自变量、中介变量→因变量	（常数）	4.032	.018		220.154	.000
	休闲运动型	−.014	.018	−.022	−.743	.458
	体验型	.074	.018	.119	4.052	.000***
	自然景观观赏型	.121	.018	.195	6.661	.000***
	人文景观观赏型	−.032	.018	−.051	−1.730	.084
	购物·美食型	.072	.018	.115	3.952	.000***
	价格价值	.091	.019	.146	4.869	.000***

注：* 表示 $P<0.05$，** 表示 $P<0.01$，*** 表示 $P<0.001$。

为了检验感知价值中价格价值因素在海洋旅游活动偏好和态度之间是否具有中介作用，本书进行了中介效应分析。第 1 阶段，本书确定了自变量海洋旅游活动偏好 5 个潜变量与中介变量价格价值因素之间的关系，结果表明自变量海洋旅游活动偏好中体验型（$\beta=.094$，$P<.01$）、自然景观观赏型（$\beta=.172$，

$P<.001$）、人文景观观赏型（$\beta=.133$，$P<.001$）对中介变量价格价值因素有显著影响。第2阶段，本书检验了自变量对因变量的影响，检验结果表明自变量体验型（$\beta=.132$，$P<.001$）、自然景观观赏型（$\beta=.202$，$P<.001$）、购物·美食型（$\beta=.119$，$P<.001$）对因变量态度有显著影响。第3阶段，本书检验了自变量海洋旅游活动偏好和中介变量价格价值因素同时对因变量态度的影响，结果表明在第1阶段和第2阶段的检验中，均有显著影响的自变量为体验型（$.132\rightarrow.119$），且其第3阶段检验的β比第2阶段检验的β有所减小。另外，在第3阶段的检验中证实了自变量体验型（$P<.001$）对态度有显著影响。因此，感知价值中价格价值因素在海洋旅游活动偏好中体验型因素和态度之间具有部分中介效应。

感知价值中情绪价值因素的中介效应检验结果如表7-24所示。为了检验感知价值中情绪价值因素在海洋旅游活动偏好和态度之间是否具有中介作用，本书进行了中介效应分析。第1阶段，本书确定了自变量海洋旅游活动偏好5个潜变量与中介变量情绪价值因素之间的关系，结果表明自变量海洋旅游活动偏好中休闲运动型（$\beta=.066$，$P<.05$）、体验型（$\beta=.179$，$P<.01$）、自然景观观赏型（$\beta=.239$，$P<.001$）、人文景观观赏型（$\beta=.068$，$P<.05$）、购物·美食型（$\beta=.193$，$P<.001$）对中介变量情绪价值因素有显著影响。第2阶段，本书检验了自变量对因变量的影响，检验结果表明自变量体验型（$\beta=.132$，$P<.001$）、自然景观观赏型（$\beta=.202$，$P<.001$）、购物·美食型（$\beta=.119$，$P<.001$）对因变量态度有显著影响。第3阶段，本书检验了自变量海洋旅游活动偏好和中介变量价格价值因素同时对因变量态度的影响，结果表明在第1阶段和第2阶段的检验中，均有显著影响的自变量为体验型（$.132\rightarrow.089$）、自然景观欣赏型（$.202\rightarrow.144$）、购物·美食型（$.119\rightarrow.072$），并且其第3阶段检验的β比第2阶段检验的β有所减小。另外，在第3阶段的检验中证实了自变量体验型（$P>.05$）、自然景观欣赏型（$P>.05$）、购物·美食型（$P>.05$）对态度无显著影响。感知价值中情绪价值因素在海洋旅游活动偏好和态度之间不具有中介效应。

表 7-24 感知价值中情绪价值因素的中介效应检验结果

模 型		非标准化系数		标准系数	t	P
		B	标准误差	β		
自变量→中介变量	（常数）	1.053E-16	.028		.000	1.000
	休闲运动型	.066	.028	.066	2.336	.020*
	体验型	.179	.028	.179	6.280	.000***
	自然景观观赏型	.239	.028	.239	8.392	.000***
	人文景观观赏型	.068	.028	.068	2.406	.016*
	购物·美食型	.193	.028	.193	6.789	.000***
自变量→因变量	（常数）	4.032	.018		219.827	.000
	休闲运动型	.002	.018	.003	.108	.914
	体验型	.082	.018	.132	4.496	.000***
	自然景观观赏型	.126	.018	.202	6.856	.000***
	人文景观观赏型	−.020	.018	−.032	−1.069	.285
	购物·美食型	.074	.018	.119	4.022	.000***
自变量、中介变量→因变量	（常数）	4.032	.018		225.948	.000
	休闲运动型	−.008	.018	−.013	−.447	.027*
	体验型	.056	.018	.089	3.060	.091
	自然景观观赏型	.090	.018	.144	4.878	.126
	人文景观观赏型	−.030	.018	−.048	−1.671	.005**
	购物·美食型	.045	.018	.072	2.456	.081
	情绪价值	.150	.019	.241	7.826	.188

注：* 表示 $P<0.05$，** 表示 $P<0.01$，*** 表示 $P<0.001$。

感知价值中社会价值因素的中介效应检验结果如表 7-25 所示。为了检验感知价值中社会价值因素在海洋旅游活动偏好和态度之间是否具有中介作用，本书进行了中介效应分析。第 1 阶段，本书确定了自变量海洋旅游活动偏好 5

个潜变量与中介变量社会价值因素之间的关系，结果表明自变量海洋旅游活动偏好中休闲运动型（β=.279，P<.001）、体验型（β=−.091，P<0.01）、自然景观观赏型（β=−.055，P<.05）、人文景观观赏型（β=.301，P<.001）对中介变量社会价值因素有显著影响。第 2 阶段，本书检验了自变量对因变量的影响，检验结果表明自变量体验型（β=.132，P<.001）、自然景观观赏型（β=.202，P<.001）、购物·美食型（β=.119，P<.001）对因变量态度有显著影响。第 3 阶段，本书检验了自变量海洋旅游活动偏好和中介变量价格价值因素同时对因变量态度的影响，结果表明在第 1 阶段和第 2 阶段的检验中，均有显著影响的自变量为体验型（.132 → .125）、自然景观观赏型（.202 → .198），且其第 3 阶段检验的 β 比第 2 阶段检验的 β 有所减小。另外，在第 3 阶段的检验中证实了自变量体验型（P<.001）和自然景观观赏型（P<.001）对态度有显著影响。因此，感知价值中社会价值因素在海洋旅游活动偏好中体验型和自然景观观赏型因素和态度之间具有部分中介效应。

表 7-25　感知价值中社会价值因素的中介效应检验结果

模　型		非标准化系数		标准系数	t	P
		B	标准误差	β		
自变量→中介变量	（常数）	1.640E−16	.028		.000	1.000
	休闲运动型	.279	.028	.279	10.083	.000***
	体验型	−.091	.028	−.091	−3.304	.001**
	自然景观观赏型	−.055	.028	−.055	−1.970	.049*
	人文景观观赏型	.301	.028	.301	10.873	.000***
	购物·美食型	−.052	.028	−.052	−1.890	.059

续表

模　型		非标准化系数		标准系数	t	P
		B	标准误差	β		
自变量→因变量	（常数）	4.032	.018		219.827	.000
	休闲运动型	.002	.018	.003	.108	.914
	体验型	.082	.018	.132	4.496	.000***
	自然景观观赏型	.126	.018	.202	6.856	.000***
	人文景观观赏型	−.020	.018	−.032	−1.069	.285
	购物·美食型	.074	.018	.119	4.022	.000***
自变量、中介变量→因变量	（常数）	4.032	.018		220.355	.000
	休闲运动型	.016	.019	.026	.834	.405
	体验型	.078	.018	.125	4.234	.000***
	自然景观观赏型	.123	.018	.198	6.711	.000***
	人文景观观赏型	−.005	.019	−.007	−.235	.814
	购物·美食型	.071	.018	.114	3.882	.000***
	社会价值	−.050	.020	−.081	−2.476	.013*

注：* 表示 $P<0.05$，** 表示 $P<0.01$，*** 表示 $P<0.001$。

感知价值中获得价值因素的中介效应检验结果如表 7-26 所示。为了检验感知价值中获得价值因素在海洋旅游活动偏好和态度之间是否具有中介作用，本书进行了中介效应分析。第 1 阶段，本书确定了自变量海洋旅游活动偏好 5 个潜变量与中介变量获得价值因素之间的关系，结果表明自变量海洋旅游活动偏好中休闲运动型（β=.121，$P<.001$）、人文景观观赏型（β=.173，$P<.001$）对中介变量获得价值因素有显著影响。第 2 阶段，本书检验了自变量对因变量的影响，检验结果表明自变量体验型（β=.132，$P<.001$）、自然景观观赏型（β=.202，$P<.001$）、购物·美食型（β=.119，$P<.001$）对因变量态度有显著影

响。结果表明在第 1 阶段和第 2 阶段中，没有相同的自变量因素同时对中介变量和因变量产生显著影响，不进行第 3 阶段分析。因此，感知价值中获得价值因素在海洋旅游活动偏好与态度之间被确认为无中介效应。

表 7-26　感知价值中获得价值因素的中介效应检验结果

模　型		非标准化系数		标准系数	t	P
		B	标准误差	β		
自变量→中介变量	（常数）	4.971E-17	.030		.000	1.000
	休闲运动型	.121	.030	.121	4.056	.000***
	体验型	.055	.030	.055	1.839	.066
	自然景观观赏型	.049	.030	.049	1.650	.099
	人文景观观赏型	.173	.030	.173	5.785	.000***
	购物·美食型	.031	.030	.031	1.040	.299
自变量→因变量	（常数）	4.032	.018		219.827	.000
	休闲运动型	.002	.018	.003	.108	.914
	体验型	.082	.018	.132	4.496	.000***
	自然景观观赏型	.126	.018	.202	6.856	.000***
	人文景观观赏型	−.020	.018	−.032	−1.069	.285
	购物·美食型	.074	.018	.119	4.022	.000***

注：* 表示 $P<0.05$，** 表示 $P<0.01$，*** 表示 $P<0.001$。

假设 8 的检测结果如表 7-27 所示。从感知价值在海洋旅游活动偏好与态度间的中介效应检验结果来看，感知价值中价格价值因素在海洋旅游活动偏好中体验型和态度之间具有部分中介效应；感知价值中情绪价值因素在海洋旅游活动偏好中体验型、自然景观观赏型、购物·美食型和态度之间具有完全中介效应；感知价值中社会价值因素在海洋旅游活动偏好中体验型、自然景观观赏型和态度之间具有部分中介效应；感知价值中获得价值因素在海洋旅游活动偏好和态度之间不具有中介效应。因此，假设 8 中的 8-1、8-2 和 8-3 部分成立，假设 8-4 不成立。

表 7-27　假设 8 检验结果

假设8	自变量	→	中介变量	→	因变量	假设 检测	备　注
8-1	休闲运动型	→	价格价值	→	态度	不成立	
	体验型	→	价格价值	→	态度	成立	部分中介
	自然景观观赏型	→	价格价值	→	态度	不成立	
	人文景观观赏型	→	价格价值	→	态度	不成立	
	购物·美食型	→	价格价值	→	态度	不成立	
8-2	休闲运动型	→	情绪价值	→	态度	不成立	
	体验型	→	情绪价值	→	态度	成立	完全中介
	自然景观观赏型	→	情绪价值	→	态度	成立	完全中介
	人文景观观赏型	→	情绪价值	→	态度	不成立	
	购物·美食型	→	情绪价值	→	态度	成立	完全中介
8-3	休闲运动型	→	社会价值	→	态度	不成立	
	体验型	→	社会价值	→	态度	成立	部分中介
	自然景观观赏型	→	社会价值	→	态度	成立	部分中介
	人文景观观赏型	→	社会价值	→	态度	不成立	
	购物·美食型	→	社会价值	→	态度	不成立	
8-4	休闲运动型	→	获得价值	→	态度	不成立	
	体验型	→	获得价值	→	态度	不成立	
	自然景观观赏型	→	获得价值	→	态度	不成立	
	人文景观观赏型	→	获得价值	→	态度	不成立	
	购物·美食型	→	获得价值	→	态度	不成立	

第八章　市场细分分析

第一节　细分分析

一、市场细分的概念和方法

　　细分（Segmentation）这一术语源于"分割"这一基本概念，在经济和管理学科中，市场细分（Market Segmentation）是研究的核心议题。这一理念由美国学者温德尔·史密斯（Wendell Smith）于 1956 年正式提出，标志着市场细分策略开始向系统化发展。市场细分作为经济学与管理学的关键概念，要求市场分析人员依据消费者的差异化需求、购买行为习惯等多种标准，对庞大的市场进行细致切分，旨在识别并锁定具有共同特性的消费者群体，为选择和定位目标市场提供科学依据。[①]

　　营销实践者通过运用市场细分策略，能够精确辨识出对特定营销策略有相似响应倾向的消费者群体。在市场竞争日益激烈的背景下，为了持续创新并紧跟时代步伐，市场细分的策略和技术不断发展。其中，聚类分析是一种常用的技术手段，它基于消费者的功能需求或心理特征的相似性来进行市场细分。

---

① 符国群.消费者行为学 [M].北京：高等教育出版社，2001：8.

Mitchell V W 指出，聚类分析是一种基于经验的方法，它避免了基于群体内显著差异先验假设的传统分类方式。[①]

市场细分的本质在于将广阔的市场细分为多个较小且特征相近的子市场，这样的细分策略使旅游服务供应商能够在激烈的市场竞争中，专注于一个或数个最具潜力的细分市场，精确捕捉这些细分市场的特定需求，并有的放矢地满足这些需求。这种精细化操作不仅有助于避免营销资源的无效投放，还能精准对接目标客户群，提升游客满意度，进而通过游客的正面口碑传播，有效推广旅游产品。

游客构成了一个独特的群体，因此目的地的旅游产品是由多种服务和选项的无数组合构成的。在制定和实施有效的营销策略时，景区管理者对于游客行为进行深入的认识和理解是至关重要的。市场细分的基础变量包括地理、人口统计学特征、消费心理、消费行为和利益等多个维度，如表 8-1 所示。这些变量各有各的特性，可以单独运用，也可以相互结合。通常，市场研究者能够识别出多少消费群体，就能运用多少方法来进行市场细分。然而，在许多产品市场中，选择细分变量时需要全面考虑产品的特性。因此，合理选择细分市场的变量是实现有效市场细分的基础。

旅游市场的细分指标可以归纳为 4 个主要类别，包括消费者的特征（如年龄、性别、收入水平、教育背景和同伴类型）、地域消费心理（涉及旅游目的、动机以及生活方式等方面）、消费行为（涵盖旅游、消费和购物等行为模式）以及这些因素的综合影响。[②]王中雨则将市场细分的角度扩展到了人口统计学、购买行为、地理因素和心理特征这 4 个维度。[③]此外，Horner S 和 Swarbrooke J 提出了一个包含地理、社会经济、人口统计学特征、心理特性和行为模式 5 个维度的细分框架。[④]

---

① Mitchell V W. How to identify psychographic segments: Part 1[J]. Marketing Intelligence & Planning, 1994, 12（7）: 4-10.

② 芮田生，阎洪 . 旅游市场细分研究述评 [J]. 旅游科学，2009，23（5）: 59-63.

③ 王中雨 . 国内旅游市场细分研究综述 [J]. 现代农业科技，2008（4）: 213-214.

④ Horner S, Swarbrooke J. Consumer behaviour in tourism[M]. London: Routledge, 2020: 55.

表 8-1　旅游市场细分指标

变量	包含内容
人口统计学特征	年龄、性别、职业、家庭、婚姻状态、收入、学历、宗教、人种和国家等
消费心理	社会阶层、生活方式和个性等
消费行为	购买目的、购买形态或方式、购买数量、购买时间、购买实践长短、追求的利益、产品使用情况、消费者对产品的忠诚度和态度等
地理	地区、国家、气候、人口密度、空间距离等
利益变量	产品种类和消费者价值

根据先行研究，本书整理了以下旅游市场的细分变量。

（一）人口统计细分变量

人口统计细分变量基于多种因素，如年龄、性别、职业、家庭规模、婚姻状况、收入、教育水平、宗教信仰、种族以及国籍。

（二）心理细分变量

心理细分变量的划分依据是游客的心理特征。学者们普遍认为社会阶层、生活方式和个性是影响游客行为的关键心理因素。

（三）消费行为细分变量

消费行为细分变量涵盖了一系列购买行为相关的变量，包括购买目的、购买或使用的时间、数量、追求的利益、产品使用频率、消费者忠诚度以及对产品的态度等。这种细分方法主要是描述性的，是对消费者在做出购买决策后的行为的分析。

（四）地理细分变量

地理细分变量是根据消费者的地理位置和自然环境来划分旅游市场的。国内学者对这一领域基本上采用了类似的细分标准，主要包括地区、国家、气候类型、人口密度和空间距离等因素。

（五）利润变量

利润变量细分法综合考虑了产品类型和消费者的价值观念。消费者追求的利益不同，可能导致他们对同一种产品的评价和购买决策存在显著差异。消费者追求的利益是影响消费者需求的关键因素。消费者普遍追求利益最大化，但在权衡时，对不同利益的重视程度可能会有很大差异。根据利润变量细分市场能够反映消费者偏好的差异，这种细分方法被认为是市场细分中相对有效的手段。

市场细分研究中的分析模式分为 2 类。首先，是基于客户和产品 / 服务的基础分析，指通过观察不同类型的客户特征来了解产品，如客户期望的产品物理特性、使用量和模式。其次，是事前和事后分析方法。事前细分基于预先设定的影响因素，如人口统计、购买习惯和地理位置，对客户进行分类；而事后细分则关注客户的价值观念、需求、使用习惯和态度等问卷调查反馈。

在旅游市场细分研究中，常见的方法有 3 种。第 1 种是单变量细分，或称单向细分，即基于单一重要变量对市场进行细分。第 2 种是复合变量细分，也称为交叉或二元至多元细分，涉及 2 个或更多相关变量。第 3 种细分方法需要考虑多个影响旅游需求的相关因素，是按顺序对旅游商品市场进行一系列细分。[①]

在选择细分市场的关键变量后，通常会根据这些变量对市场进行细分和分析。市场细分常用的步骤如下：第 1 步通过非正式访谈或深入访谈了解消费者的动机、态度和行为倾向，然后根据访谈数据设计问卷，并对目标消费者群体进行调查；第 2 步进行市场分析，研究者使用因子分析法剔除相关性高的变量，然后进行聚类分析，以确定市场群组数量；第 3 步进行市场技术统计，并基于第 2 步的结果定义各个细分市场。

二、FIMIX-PLS 的特性

有限混合偏最小二乘法（Finite Mixture Partial Least Squares, FIMIX-PLS）

---

① 王中雨 . 国内旅游市场细分研究综述 [J]. 现代农业科技，2008（4）：213-214.

是一种用于揭示结构模型中未观测到的异质性的方法。它通过估计每个观测值属于不同细分市场的概率来捕捉异质性，同时估计所有路径系数。这种方法由 Hahn C 等提出，用于探测客户细分市场中的异质性，并已被广泛应用于揭示该领域的特定特征。[①]

　　当一组数据中存在显著差异时，如果这些差异不能归因于性别、年龄或收入等可观测特征，这种未观测到的异质性便会出现。FIMIX-PLS 是潜在类方法中最早且最深入理解的一种 PLS-SEM，它采用有限混合模型概念，假设整个种群由组特异性密度函数的混合物构成。FIMIX-PLS 的目标是从回归分析框架中分离出各组混合物的总体分布并估计参数，如路径系数。混合物分布图如图 8-1 所示。

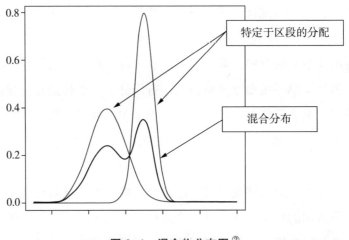

特定于区段的分配

混合分布

图 8-1　混合物分布图 [②]

　　FIMIX-PLS 方法的操作分为 2 个主要步骤。首先，该方法对整个数据集执行标准的偏最小二乘结构方程模型（Partial Least Squares Structural Equation Modeling, PLS-SEM）分析，以获取模型中所有潜在变量的得分。这一步骤可

① Hahn C, Johnson M D, Herrmann A, et al. Capturing customer heterogeneity using a finite mixture PLS approach[J]. Schmalenbach Business Review, 2002（54）: 243-269.

② Hair Jr J F, Sarstedt M, Matthews L M, et al. Identifying and treating unobserved heterogeneity with FIMIX-PLS: Part I-method[J]. European Business Review, 2016, 28（1）: 63-76.

以由 SmartPLS 3.2.9 软件自动完成，无须用户手动干预。其次，将这些潜在变量的得分作为输入，进行一系列的混合效应回归分析。这种分析能够基于概率将观测值分到不同的组别，并估计一个回归模型，该模型描述了各组内内生潜在变量的平均值和方差。

FIMIX-PLS 方法假设异质性仅存在于结构模型之中，而测量模型在所有组别中保持一致性。该方法的 4 个不同水平如图 8-2 所示。

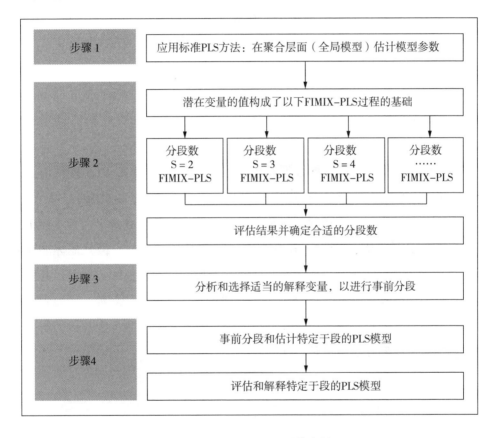

图 8-2 FIMIX-PLS 系统应用

执行 FIMIX-PLS 程序的第 1 阶段，研究者需对算法进行选择。FIMIX-PLS 的模型估计主要通过最大似然法（Maximum Likelihood Estimation, ML）和最大后验概率（Maximum A Posteriori, MAP）来进行混合型聚类模型的参数估计。ML 和 MAP 方法所需的似然函数（对数似然）通过计算每个模型的概率密度函数得出，而贝叶斯 MAP 估计则是选择最大化对数后验分布的数值。

与基于 PLS-SEM 的潜在类别分析方法不同，FIMIX-PLS 方法允许研究人员通过计算基于可能性的准确信息准则（Information Criteria, IC），确定数据中应保留的最佳细分数。信息准则同时考虑了模型拟合度（似然性）和用于实现该拟合度的参数数量。这意味着信息准则在衡量模型拟合优度的同时，对模型复杂性（参数的数量）进行惩罚。具体而言，当细分数增加时，若模型的解释力下降，则最优细分数通常出现在解释力开始下降之前的那个点。因此，选择适当的细分数应基于信息准则的最优平衡，既要考虑模型的拟合度，又要避免过度拟合。

常用的信息准则包括赤池信息量准则（Akaike Information Criterion, AIC）、调整后的 AIC（AIC3）、一致性 AIC（CAIC）和贝叶斯信息量准则（BIC）等，如表 8-2 所示。

Sarstedt M 等利用广泛的数据和模型组合评估了 FIMIX-PLS 各种信息准则的有效性。[①] 他们的结果表明，研究者应共同考虑 AIC3 和 CAIC。每当这 2 个标准推荐相同数量的片段时，结果可以指向适当的片段数量。因素 4 修正后的贝叶斯信息量准则（AIC4）和 BIC 的 AIC 总体表现较好，但其他标准有明显的高估趋势。这特别适用于指定超过 3 个准确片段数的 AIC。然而，其他标准，如最小描述长度系数 5（MDL5），则表现出明显的低估趋势。研究者可以使用这些信息来确定合理片段数的特定范围。如果 AIC 代表 5 个片段的解决方案，则保留更少的片段似乎是合理的。

---

① Sarstedt M, Becker J M, Ringle C M, et al. Uncovering and treating unobserved heterogeneity with FIMIX-PLS: Which model selection criterion provides an appropriate number of segments?[J]. Schmalenbach Business Review, 2011 (63): 34-62.

表 8-2　FIMIX-PLS 信息选择标准与性能 [1]

编　码	标　准	FIMIX-PLS的性能
AIC	赤池信息量准则 （Akaike's Information Criterion）	性能较弱 有高估分段数量的倾向 可用于确定合理分割方案的上限
AIC3	因素 3 修正后的赤池信息量准则 （Modified Akaike's Information Criterion with Factor 3）	往往会高估分段的数量 与 CAIC 和 BIC 配合使用
AIC4	因素 4 修正后的贝叶斯信息量准则 （Modified Akaike's Information Criterion with Factor 4）	性能良好 有高估和低估分段数目的倾向
BIC	贝叶斯信息量准则 （Bayesian Information Criterion）	性能良好 有低估分段数量的倾向 应与 AIC3 一并考虑
CAIC	一致的赤池信息量准则 （Consistent Akaike's Information Criterion）	性能良好 有低估分段数量的倾向 应与 AIC3 一并考虑
MDL5	最小描述长度系数 5 （Minimum Description Length With Factor 5）	性能较弱 极易低估分段数量 可用于确定下限

　　第 2 阶段涉及确定分段（Segment）的数量。在使用 FIMIX-PLS 方法时，一个关键的挑战是如何确定合适的分组数量。传统的信息准则，如 AIC4 和 BIC，并不适用于 FIMIX-PLS，因为它们无法准确反映分组的分离程度。研究人员应考虑结合使用基于熵的测量，如标准熵统计量，该测量通过观察值的片段成员概率来评估划分的可靠性。较高的熵值意味着分组更为明确。熵的取值范围在 0 到 1 之间，数值越大，表明划分的质量越高。现有研究证据表明，当

① Hair Jr J F, Sarstedt M, Matthews L M, et al. Identifying and treating unobserved heterogeneity with FIMIX-PLS: Part I - method[J]. European Business Review, 2016, 28(1): 63-76.

熵超过 0.50 时，分段结果足以实现清晰的数据分割。

在决定分段数量时，需特别注意期望最大化（Expectation Maximization Algorithm, EM）算法倾向于收敛至预先设定的分段数量。如果研究者在分析中设定了过多的分段，FIMIX-PLS 可能会导致少部分数据被不当分配到外部分段。这些外部分段通常只代表了数据集中的一小部分异质性，可能过小，不能确保群体分析结果的有效性。因此，研究者在使用信息准则和熵测量确定分段时，还应仔细考量 FIMIX-PLS 产生的分段大小。若分析结果包含可能影响合理分析的外部分段，研究者应考虑减少分段数量或分析和评估去掉这些分段后的影响。

最后，需要指出的是，仅依赖数据的方法对确定分段数量的作用有限。信息准则和熵测量等方法对数据和模型特性敏感，可能导致误差。Becker J M 等研究发现，结构模型的低水平公差可能会对信息准则的性能产生不利影响。[①] 应将 FIMIX-PLS 视为一种探索工具，分段数量的确定应基于实证依据。同时，分段数量应足够小，以保持简洁性和管理便利性，但每个分段也应足够大，以便引起战略层面的关注。

第二节　FIMIX-PLS 分析

为了确定本书的样本量，本书运用了 G*Power 3.1.9.2 程序，处理了收集自济州岛的 545 个数据和收集自海南岛的 528 个数据。在回归分析中，本书将显著性水平设定为 0.15（此为默认值），以反映中等效应大小。在设定 α 系数时，本书采用了 0.05 作为常规的显著性水平。鉴于 Cohen J 所建议的标准需大于 0.8[②]，本书将 α 系数设定为 0.8。通过分析海洋旅游活动的偏好、海洋旅游舒

---

① Becker J M, Ringle C M, Sarstedt M, et al. How collinearity affects mixture regression results[J]. Marketing Letters, 2015, 26（4）: 643-659.

② Cohen J. Set correlation and contingency tables[J]. Applied Psychological Measurement, 1988, 12（4）: 425-434.

适度以及感知价值这 3 个因素，本书发现最低的有效样本量为 55 个，并且可以进一步细分，最多可分为 9 个子群体。

在本书中，FIMIX-PLS 程序经过 5 次迭代（包括初次、二次、三次以及多次重复）后，依据停止准则达到 9 次，成功拟合了相应的指数。针对济州岛 545 个样本的 FIMIX-PLS 分析结果如表 8-3 所示，在 FIMIX-PLS 程序中，单段模型确定了 1 个最优解（仅 MDL5 加粗标出）；二段模型同样仅识别出 1 个最优解（仅 CAIC 加粗标出）；三段模型发现 1 个最优解（仅 BAIC 加粗标出）；四段模型存在 2 个最优解（仅 AIC4 和 HQ 加粗标出）；而五段模型则有 3 个最优解（仅 AIC、AIC3 和 LNL 加粗标出）。尽管五段模型中存在 3 个最优解，但由于各区段大小不一，本书最终选择四段模型。

表 8-3　济州岛 FIMIX-PLS 细分分析

确定分段数					
	I	II	III	IV	V
AIC（赤池信息量准则）	13 973.207	13 221.687	12 851.628	12 681.549	12 579.477
AIC3（因素 3 修改后的 AIC）	14 054.207	13 384.687	13 096.628	13 008.549	12 988.477
AIC4（因素 4 修正后的 AIC）	14 135.207	13 547.687	13 341.628	13 335.549	13 397.477
BIC（贝叶斯信息量准则）	14 321.571	13 922.715	13 905.321	14 087.906	14 338.499
CAIC（一致的赤池信息量准则）	14 402.571	14 085.715	14 150.321	14 414.906	14 747.499
HQ（Hannan Quinn 标准）	14 109.396	13 495.747	13 263.559	13 231.350	13 267.149
MDL5（最小描述长度系数 5）	16 363.025	18 030.827	20 080.091	22 329.333	24 646.584
LNL（优度）	−6 905.604	−6 447.843	−6 180.814	−6 013.774	−5 880.739
EN（熵统计量标准）	*n/a*	0.694	0.747	0.776	0.804

续表

确定分段数				
I	II	III	IV	V
相对分段大小				
I	II	III	IV	V
2	0.569	0.431			
3	0.467	0.292	0.241		
4	0.356	0.270	0.217	0.156	
5	0.343	0.198	0.181	0.151	0.127

针对海南岛 528 个样本的 FIMIX-PLS 分析结果如表 8-4 所示，单段模型的最优方案为 MDL5（以粗体字表示）；二段模型中最优方案仅由 CAIC 确定（以粗体字表示）；三段模型中有 4 个最优方案，分别是 AIC3、AIC4、仅 BIC 和 HQ（均以粗体字表示）；在四段模型中，没有确定最优方案（仅有 5 个最优方案以粗体字表示）；在五段模型中，有 2 个最优方案，即仅 MIC5（以粗体字表示）。尽管三段模型有 4 个最佳解决方案，但由于三段比各段的 PLS-SEM 分析的观测值太小（仅占 2.8%），为了与济州岛进行比较，本书最终确定了四段数。

表 8-4　海南岛 FIMIX-PLS 细分分析

	确定分段数				
	I	II	III	IV	V
AIC（赤池信息量准则）	13 286.548	12 552.748	12 715.405	12 138.386	12 034.492
AIC3（因素 3 修改后的 AIC）	13 367.548	12 715.748	12 420.405	12 465.386	12 443.492
AIC4（因素 4 修正后的 AIC）	13 448.548	12 878.748	12 665.405	12 792.386	12 852.492
BIC（贝叶斯信息量准则）	13 632.345	13 248.611	13 221.334	13 534.380	13 780.552

续表

确定分段数				
	I	II	III	IV	V
CAIC（一致的赤池信息量准则）	13 713.345	13 411.611	13 466.334	13 861.380	14 189.552
HQ（Hannan Quinn 标准）	13 421.920	12 825.164	12 584.865	12 684.889	12 718.039
MDL5（最小描述长度系数5）	15 663.532	17 336.061	19 365.048	21 734.358	24 036.794
LNL（优度）	−6 562.274	−6 113.374	−5 842.703	−5 742.193	−5 608.246
EN（熵统计量标准）	n/a	0.856	0.917	0.812	0.855
相对分段大小				
	I	II	III	IV	V
2	0.619	0.381			
3	0.675	0.296	0.028		
4	0.347	0.333	0.281	0.039	
5	0.531	0.266	0.107	0.064	0.032

一、济州岛与海南岛市场细分比较

（一）济州岛

为探究访问济州岛的韩国游客对海洋旅游舒适度、海洋旅游活动偏好和感知价值的认知，本书利用收集到的 545 个有效标本进行了实证分析，受访者的人口统计学特征如表 8-5 所示。从调查对象的性别分布来看，男性 272 人（占比 49.9%）、女性 273 人（占比 50.1%）；从年龄分布来看，20 岁以下 29 人（占比 5.3%），30 ～ 39 岁 130 人（占比 23.8%），20 ～ 29 岁、40 ～ 49 岁与 50 ～ 59 岁各 110 人（各占比 20.2%），60 岁以上 56 人（占比 10.3%）；从学历来看，本科在读或毕业者有 332 名（占比 60.9%）、专科在读或毕业者有 85 名（占比 15.6%）、高中及以下者有 77 名（占比 14.1%）、研究生在读或毕业者有 51 名（占比 9.4%）；从职业分布来看，受访者人数从多到少依次是事务职 213 人（占比 39.1%）、学生 75 人（占比 13.8%）、家庭主妇 74 人（占比 13.5%）、其他 50 人（占比 9.2%）、专门职业 43 人（占比 7.9%）、技术岗 41 人（占比 7.5%）、个体户 32 人（占比 5.9%）、销售·服务业 17 人（占比 3.1%）；从月收入分布来看，500 万韩元以上 228 人（占比 41.8%）、150 万韩元以下 10 人（占比 1.8%）、150 万～200 万韩元 22 人（占比 4.1%）、201 万～300 万韩元 78 人（占比 14.3%）、301 万～400 万韩元 94 人（占比 17.3%）、401 万～500 万韩元 113 人（占比 20.7%）。同伴类型人数从多到少依次是家人 353 人（占比 64.8%）、朋友 161 人（占比 29.6%）、团体 11 人（占比 2.0%）、独自 10 人（占比 1.8%）、同事 10 人（占比 1.8%）；同行人数最多的是独自 10 人（占比 1.8%）、2～3 名 285 人（占比 52.8%）、4～5 名 191 人（占比 35.1%）、6～9 名 36 人（占比 6.6%）、10 名以上 23 人（占比 4.2%）。居住地依次为京畿道（包含仁川）211 人（占比 38.7%）、首尔 162 人（占比 29.7%）、庆尚道（包含釜山、大邱、蔚山）94 人（占比 17.2%）、忠清道（包含大田、世宗）39 人（占比 7.2%）、全罗道（包含光州、全州）27 人（占比 4.9%）、江原道 9 人（占比 1.7%）、济州岛居民 3 人（占比 0.6%）。

表8-5　样本的人口统计学特征（济州岛）

区　分	问　项	样本数量	比率（%）	区　分	问　项	样本数量	比率(%)
性别	男性	272	49.9	学历	高中及以下	77	14.1
	女性	273	50.1		专科在读或毕业	85	15.6
年龄	20岁以下	29	5.3		本科在读或毕业	332	60.9
	20～29岁	110	20.2		研究生在读或毕业	51	9.4
	30～39岁	130	23.8	同伴类型	独自	10	1.8
	40～49岁	110	20.2		朋友	161	29.6
	50～59岁	110	20.2		家人	353	64.8
	60岁以上	56	10.3		同事	10	1.8
					团体	11	2.0
职业	事务职	213	39.1	同伴数	独自	10	1.8
	专门职业	43	7.9		2～3名	285	52.3
	技术岗	41	7.5		4～5名	191	35.1
	销售·服务业	17	3.1		6～9名	36	6.6
	个体户	32	5.9		10名以上	23	4.2
	家庭主妇	74	13.5	居住地	首尔	162	29.7
	学生	75	13.8		京畿道（包含仁川）	211	38.7
	农林渔业	0	0		庆尚道（包含釜山、大邱、蔚山）	94	17.2
	其他	50	9.2				

区　分	问　项	样本数量	比率（%）	区　分	问　项	样本数量	比率（%）
月收入	150万韩币以下	10	1.8	居住地	忠清道（包含大田、世宗）	39	7.2
	150万～200万韩币	22	4.0		江原道	9	1.7
	201万～300万韩币	78	14.3				
	301万～400万韩币	94	17.3		全罗道（包含光州、全州）	27	4.9
	401万～500万韩币	113	20.7		济州岛	3	0.6
	500万韩币以上	228	41.8	总计		545	100

　　本书运用单因素方差分析（One-Way ANOVA）对FIMIX-PLS的识别、评估和处理结果进行了分析。对所获取的数据，通过SPSS进行人口统计学频率分析、各变量的描述性统计以及事后检验分析。结果显示，细分Ⅳ的样本量偏少，不足以构成有效集群，因此未对其进行进一步分析。

　　在性别分布上，细分Ⅰ和Ⅲ的男女比例均衡，而细分Ⅱ男性占比达到了60.3%。按年龄段划分，细分Ⅰ和Ⅲ以30～39岁的人群为主，而细分Ⅱ中40～49岁的人群所占比例最高。在受教育水平上，3个细分集群中本科在读或毕业者的比例最高。职业分类中，事务职（公司职员、公务员）在3个细分集群中的比例最高，其次是家庭主妇。

　　在收入水平方面，3个细分集群中月收入500万韩元以上的比例最高；同伴类型以家庭成员为主，占比64.8%；在同行人数上，2～3人的比例最高，占比52.3%。在居住地方面，京畿道和首尔的游客比例最高，两地总占比68.4%。具体分析结果如表8-6所示。

　　海洋旅游活动偏好细分描述性统计分析结果显示，自然景观观赏型因素在细分Ⅰ、Ⅱ中，"观赏河口等海岸地形"项目表现为低水平；细分Ⅲ中，"观赏日出、日落景观"项目表现为低水平。人文景观观赏型因素在细分Ⅰ、Ⅱ、Ⅲ中，"游览渔村及渔港"项目均表现为低水平。休闲运动型因素在细分Ⅰ、Ⅲ中，"体验潜水、海底徒步"项目表现为低水平；细分Ⅱ中，"体验冲浪等水上运动"及"体验全地形车等海岸运动"项目表现为低水平。体验型因素在细分Ⅰ中，"体验高品质海洋主题度假村"项目表现为低水平；细分Ⅱ中，"体验海边节庆等庆典活动"及"体验高品质海洋主题度假村"项目表现为低水平；细分Ⅲ中，"体验高品质海洋主题度假村"项目表现为低水平。购物·美食型因素在细分Ⅰ、Ⅱ、Ⅲ中均被验证为"购买海鲜等旅游产品"项目表现为低水平。具体分析结果如表8-7所示。

海洋旅游舒适度细分描述性统计分析结果显示，安全性因素在细分Ⅰ、Ⅱ、Ⅲ中，"发生危险时能够比较容易地请求帮助"项目均表现为低水平。舒适性因素在细分Ⅰ中，"海岸旅游地内游客不拥挤，感到舒畅"项目表现为低水平；细分Ⅱ、Ⅲ中，"使用海水浴场时，没有蚊虫、螨虫、海蜇等的困扰"项目表现为低水平。环境性因素在细分Ⅰ、Ⅱ、Ⅲ中均为"海岸旅游景区没有破坏环境的因素（如废水、树枝残骸、垃圾）"项目表现为低水平。便利性因素在细分Ⅰ、Ⅲ中，"海水浴场有数量充足的便利设施（如公共厕所、洗澡间、休息间）"项目表现为低水平；细分Ⅱ中，"海岸旅游地周边公交车、出租车等公共交通工具使用便利"项目表现为低水平。社会性因素在细分Ⅰ、Ⅱ、Ⅲ中均为"当地居民对海岸旅游地的历史文化比较了解"项目表现为低水平。文化性因素在细分Ⅰ、Ⅲ中均为"能够直接参观当地传统建筑以及历史遗迹"项目表现为低水平；细分Ⅱ中，"能够直接体验到海洋文化"项目表现为低水平。具体分析结果如表8-8所示。

感知价值细分描述性统计分析结果如表8-9所示，价格价值因素在细分Ⅱ、Ⅲ中，"以适当价格提供良好服务"项目表现为低水平；细分Ⅰ中，"本次旅游相对于付出的金钱更有价值"项目表现为低水平。情绪价值因素在细分Ⅰ、Ⅱ、Ⅲ中，"海岸旅游为游客提供了新的体验"项目均表现为低水平。社会价值因素在细分Ⅰ、Ⅱ、Ⅲ中，"海岸旅游能够给游客带来优越感"项目均表现为低水平。获得价值因素在细分Ⅰ、Ⅱ、Ⅲ中，通过旅游景点可以体验到高水平的服务项目均表现为低水平。

从济州海洋游客细分结果来看，本书提取了自然景观追求型、购物·美食追求型和体验追求型3种海洋旅游类型，为了对不同海洋旅游类型进行事后检验，使用了单因素方差分析（One-Way ANOVA）。

本书将细分 I 命名为自然景观追求型，分析结果表明，济州岛自然景观追求型游客在海洋旅游活动偏好中的自然景观观赏型变量上表现为高水平，平均值为 -0.019；在海洋旅游舒适度中的社会性变量上表现为高水平，平均值为 0.112；在感知价值中的获取价值变量上表现为高水平，平均值为 0.070。济州岛自然景观追求型游客在海洋旅游活动偏好中的自然景观观赏型因素上表现为负值；在海洋旅游舒适度中的社会性因素及感知价值中的获得价值因素上表现为正值。

本书将细分 II 命名为购物·美食追求型，分析结果表明，济州岛购物·美食追求型游客在海洋旅游活动偏好中的购物·美食型变量上表现为高水平，平均值为 0.119；在海洋旅游舒适度中的环境性变量上表现为高水平，平均值为 0.182；在感知价值中的价格价值变量上表现为高水平，平均值为 0.188。济州岛购物·美食追求型游客在海洋旅游活动偏好中的购物·美食型因素、海洋旅游舒适度中的环境性因素以及感知价值中的价格价值因素上均呈现出正值。

本书将细分 III 命名为体验追求型，分析结果表明，济州岛体验追求型游客在海洋旅游活动偏好中的体验型变量上表现为高水平，平均值为 0.145；在海洋旅游舒适度中的安全性变量上表现为高水平，平均值为 0.199；在感知价值中的情绪价值变量上表现为高水平，平均值为 0.403。济州岛体验追求型游客在海洋旅游活动偏好中的体验型因素、海洋旅游舒适度中的安全性因素、感知价值中的情绪价值因素上均呈现出正值。

通过单因素方差分析，假设全部集群间存在差异时，可以假设等方差，本书根据谢弗法和图基法的多重比较检验结果得出，海洋旅游活动偏好中的购物·美食型及体验型虽然满足 $P<0.05$，但是在各组间不存在显著差异。海洋旅游舒适度中环境性因素，在组 2～3 存在显著差异，F 为 2.902，$P<0.05$，在其余组间没有显著差异；安全性因素，在组 3～4 间存在显著差异，F 为 2.963，

$P<0.05$；社会性因素在组 $1 \sim 3$、组 $2 \sim 3$、组 $3 \sim 4$ 均存在显著差异，F 为 7.344，$P<0.05$；文化性、便利性、舒适性因素检测结果表明在各组间不存在显著差异。感知价值中的价格价值因素，在组 $1 \sim 3$、组 $2 \sim 3$ 间存在显著差异，F 为 5.636，$P<0.05$；情绪价值因素，在组 $1 \sim 3$、组 $2 \sim 4$、组 $3 \sim 4$ 间存在显著差异，F 为 8.493，$P<0.05$；而社会价值、获得价值因素在各组间不存在显著差异。具体检测结果如表 8-10 所示。

表8-6 人口统计学细分分析（济州岛）

区 分		细分I (n=209)		细分II (n=141)		细分III (n=106)		细分IV (n=89)	
		样本数量	比率（%）	样本数量	比率（%）	样本数量	比率（%）	样本数量	比率（%）
性别	男性	101	48.3	85	60.3	52	49.1	34	38.2
	女性	108	51.7	56	39.7	54	50.9	55	61.8
年龄	20岁以下	10	4.8	7	5.0	6	5.7	6	6.7
	20~29岁	42	20.1	24	17.0	23	21.7	21	23.6
	30~39岁	51	24.4	32	22.7	25	23.6	22	24.7
	40~49岁	40	19.1	33	23.4	20	18.9	17	19.1
	50~59岁	46	22.0	28	19.8	24	22.6	12	13.5
	60岁以上	20	9.6	17	12.1	8	7.5	11	12.4
学历	高中及以下	31	14.8	16	11.4	17	16.0	13	14.6
	专科在读或毕业	34	16.3	22	15.6	16	15.1	13	14.6
	本科在读或毕业	128	61.2	88	62.4	66	62.3	50	56.2
	研究生在读或毕业	16	7.7	15	10.6	7	6.6	13	14.6

续表

区分		细分I (n=209)		细分II (n=141)		细分III (n=106)		细分IV (n=89)	
		样本数量	比率（%）	样本数量	比率（%）	样本数量	比率（%）	样本数量	比率（%）
职业	事务职（公司职员、公务员）	84	40.2	53	37.6	40	37.7	36	40.5
	专门职业	17	8.1	12	8.5	8	7.5	6	6.7
	技术岗	17	8.1	12	8.5	6	5.7	6	6.7
	家庭主妇	4	1.9	4	2.8	7	6.6	2	2.2
	自营业	10	4.8	6	4.3	7	6.6	9	10.1
	销售·服务业	29	13.9	18	12.8	16	15.1	11	12.4
	学生	27	12.9	21	14.9	16	15.1	11	12.4
	农林渔业	0	0	0	0	0	0	0	0
	其他	21	10.1	15	10.6	6	5.7	8	9.0
月收入	150万韩币以下	2	1.0	4	2.8	2	1.9	2	2.2
	151万～200万韩币	9	4.3	2	1.4	4	3.8	7	7.9
	201万～300万韩币	31	14.8	9	6.4	20	18.9	18	20.2
	301万～400万韩币	34	16.3	30	21.3	16	15.1	14	15.7
	401万～500万韩币	42	20.1	33	23.4	18	17.0	20	22.5
	500万韩币以上	91	43.5	63	44.7	46	43.4	28	31.5

续表

区 分		细分 I (n=209)		细分 II (n=141)		细分 III (n=106)		细分 IV (n=89)	
		样本数量	比率 (%)	样本数量	比率 (%)	样本数量	比率 (%)	样本数量	比率 (%)
同伴类型	独自	4	1.9	2	1.4	2	1.9	2	2.2
	朋友	59	28.2	32	22.7	38	35.8	32	36.0
	家庭成员	141	67.5	104	73.8	61	57.5	47	52.8
	同事	2	1.0	1	0.7	2	1.9	5	5.6
	团体	3	1.4	2	1.4	3	2.8	3	3.4
同伴数	独自	4	1.9	2	1.4	2	1.9	2	2.2
	2～3名	105	50.2	77	54.6	52	49.1	51	57.3
	4～5名	80	38.3	44	31.2	40	37.7	27	30.3
	6～9名	13	6.2	14	9.9	5	4.7	4	4.5
	10名以上	7	3.3	4	2.8	7	6.6	5	5.6

续表

区 分		细分 I (n=209)		细分 II (n=141)		细分 III (n=106)		细分 IV (n=89)	
		样本数量	比率（%）	样本数量	比率（%）	样本数量	比率（%）	样本数量	比率（%）
居住地	首尔	55	26.3	43	30.5	37	34.9	27	30.3
	京畿道（包含仁川）	86	41.1	49	34.8	40	37.7	36	40.4
	庆尚道（包含釜山、大邱、蔚山）	38	18.2	29	20.6	13	12.3	14	15.7
	忠清道（包含大田、世宗）	12	5.7	11	7.8	7	6.6	9	10.1
	江原道	5	2.4	2	1.4	2	1.9	0	0
	全罗道（包含光州、全州）	13	6.2	6	4.3	5	4.7	3	3.4
	济州岛民	0	0	1	0.7	2	1.9	0	0

表8-7 海洋旅游活动偏好细分分析（济州岛）

区 分		细分I（n=209）		细分II（n=141）		细分III（n=106）		细分IV（n=89）	
		平均	分散	平均	分散	平均	分散	平均	分散
自然景观观赏型	NL1. 观赏日出、日落景观	4.06	.587	4.11	.510	4.07	.958	3.98	.659
	NL2. 观赏海岸道路景观	4.34	.360	4.40	.398	4.47	.671	4.34	.567
	NL3. 观赏河口等海岸地形景观	3.88	.513	3.99	.657	4.09	.772	3.91	.719
人文景观观赏型	HL1. 游览历史遗迹等	3.62	.718	3.72	.819	3.73	.982	3.67	.677
	HL2. 游览渔村、渔港	3.31	.696	3.44	.791	3.51	1.243	3.44	.749
	HL3. 游览水族馆等主题旅游景区	3.67	.684	3.69	.788	3.82	1.234	3.80	.618
休闲运动型	LS1. 体验游艇、游览船等	3.56	.891	3.69	.902	3.82	1.234	3.79	.783
	LS2. 体验冲浪等水上运动	3.22	1.151	3.31	1.259	3.45	1.622	3.40	1.085
	LS3. 体验全地形车等海岸运动	3.20	1.104	3.31	1.059	3.43	1.372	3.39	1.105
	LS4. 体验潜水、海底漫步	3.18	1.024	3.41	1.201	3.35	1.372	3.36	1.006
体验型	E1. 体验温泉桑拿	4.11	.621	4.27	.613	4.37	.520	4.31	.536
	E2. 体验海水浴场	3.91	.646	4.09	.599	4.17	.714	4.08	.505
	E3. 体验海边节庆等庆典活动	3.76	.702	3.94	.660	4.02	.781	4.03	.601
	E5. 体验高品质海洋主题度假村	3.67	.866	3.94	.860	4.04	.970	4.07	.632

续表

区　分		细分 I（n=209）		细分 II（n=141）		细分 III（n=106）		细分 IV（n=89）	
		平均	分散	平均	分散	平均	分散	平均	分散
购物·美食型	SR1. 购买海鲜等海游产品	3.34	.918	3.60	.914	3.57	1.181	3.47	.888
	SR2. 体验海边美食	4.03	.615	4.22	.601	4.25	.668	4.17	.733
	SR3. 体验海边咖啡厅	4.10	.639	4.30	.528	4.29	.704	4.29	.641

表8-8 海洋旅游舒适度细分分析（济州岛）

区分		细分I (n=209) 平均	分散	细分II (n=141) 平均	分散	细分III (n=106) 平均	分散	细分IV (n=89) 平均	分散
安全性	A-SA1. 海岸是否安全，不受犯罪及灾害威胁	3.54	.403	3.69	.688	3.67	.814	3.44	.613
	A-SA2. 使用娱乐设施及海上运动设施时不用担心安全问题	3.44	.402	3.58	.959	3.58	.702	3.43	.543
	A-SA3. 海水浴场有数量充足的救生设备	3.31	.398	3.46	1.022	3.42	1.064	3.28	.522
	A-SA4. 发生危险时能够比较容易地请求帮助	3.27	.440	3.38	1.324	3.31	1.188	3.17	.664
	A-SA5. 不用担心海岸道路交通安全	3.60	.404	3.75	.874	3.69	.921	3.65	.525
舒适性	A-CT2. 海岸地区没有不好的味道（如海草、鱼类腐烂的味道）	3.34	.475	3.50	1.223	3.42	1.197	3.39	.605
	A-CT3. 海岸旅游地内游客不拥挤，感到舒畅	2.96	.763	3.24	1.399	2.98	1.466	2.92	.869
	A-CT4. 使用海水浴场时，没有蚊虫、螨虫、海蜇等的困扰	2.97	.778	3.18	1.466	2.87	1.563	2.96	.953
环境性	A-E1. 海岸自然环境没有被破坏，得到了很好的保护	3.41	.445	3.66	1.126	3.34	1.293	3.35	.548
	A-E2. 海边建筑物和设施等亲近自然	3.23	.495	3.31	1.288	3.04	1.218	3.11	.805
	A-E3. 海岸旅游景区没有破坏环境的因素（如废水、树枝残骸、垃圾）	2.96	.609	3.24	1.456	2.84	1.679	2.90	1.092
	A-E4. 开发海水浴场时比较好地保留了自然地形	3.24	.464	3.42	1.231	3.16	1.412	3.20	.663

续表

区分		细分I (n=209)		细分II (n=141)		细分III (n=106)		细分IV (n=89)	
		平均	分散	平均	分散	平均	分散	平均	分散
便利性	A-CE1. 海水浴场有数量充足的便利设施（如公共厕所、洗澡间、休息间）	3.23	.498	3.43	1.161	3.24	1.191	3.39	.628
	A-CE2. 海岸旅游地周边餐饮设施齐全（如餐馆、咖啡厅、便利店）	3.75	.380	3.84	.880	3.88	.871	3.90	.456
	A-CE3. 海岸旅游地旅游服务设施齐全（如指示牌、旅游地图）	3.62	.352	3.66	.926	3.65	.820	3.66	.476
	A-CE4. 海岸旅游地周边公交车、出租车等公共交通工具使用便利	3.26	.491	3.29	1.365	3.25	1.068	3.45	.591
社会性	A-SO1. 当地居民对游客态度亲切	3.26	.519	3.40	1.170	3.00	1.295	3.19	.611
	A-SO2. 当地居民对海岸旅游地的历史文化比较了解	3.21	.446	3.26	1.095	2.82	1.025	3.16	.589
	A-SO3. 当地政府积极支持海岸旅游以及海洋旅游	3.33	.451	3.48	.980	3.12	1.137	3.38	.602
文化性	A-CL1. 能够直接体验到海洋文化	3.37	.436	3.39	1.082	3.30	1.051	3.43	.816
	A-CL2. 能够直接参观当地传统建筑以及历史遗迹	3.35	.411	3.43	.861	3.22	1.067	3.48	.707
	A-CL3. 能够直接参与当地海边文化节庆活动	3.46	.442	3.61	.911	3.32	.925	3.49	.707
	A-CL4. 能够直接体验海上休闲运动	3.50	.376	3.66	.840	3.58	1.123	3.49	.685

表8-9 感知价值细分分析（济州岛）

区分		细分I (n=209)		细分II (n=141)		细分III (n=106)		细分IV (n=89)	
		平均	分散	平均	分散	平均	分散	平均	分散
价格价值	PV1. 本次旅游与所支付的费用相比，有足够的价值	3.41	.513	3.54	.965	3.07	1.224	3.47	.434
	PV2. 与其他景区相比，海岸旅游提供了与价格相符的价值	3.38	.507	3.50	.952	3.07	1.319	3.44	.544
	PV3. 以恰当的价格提供了良好的服务	3.20	.553	3.28	1.176	2.81	1.050	3.15	.581
	PV4. 愿意支付适当的费用	3.64	.434	3.89	.596	3.71	.723	3.61	.491
	PV5. 本次旅游相对于付出的金钱更有价值	3.17	.582	3.32	1.147	3.04	1.141	3.28	.522
	PV6. 本次旅游相对于付出的时间与精力更有价值	3.42	.523	3.56	.820	3.40	1.042	3.53	.434
情绪价值	EMV1. 海岸旅游为游客提供了别样的乐趣	3.64	.404	3.76	.841	3.76	.906	3.74	.830
	EMV2. 海岸旅游为游客提供了新的体验	3.62	.391	3.73	.941	3.72	.910	3.76	.819
	EMV3. 海岸旅游给予游客安定感	3.73	.447	3.95	.633	3.95	.769	3.71	.686
	EMV4. 海岸旅游给予游客满足感	3.81	.425	3.90	.647	4.05	.636	3.80	.663
	EMV5. 海岸旅游有助于游客缓解压力	4.04	.422	4.15	.542	4.15	.587	4.04	.475
	EMV6. 海岸旅游给了游客摆脱日常生活的机会	4.02	.461	4.10	.676	4.20	.598	4.10	.683

续表

区　分		细分 I (n=209)		细分 II (n=141)		细分 III (n=106)		细分 IV (n=89)	
		平均	分散	平均	分散	平均	分散	平均	分散
社会价值	SV1. 海岸旅游提供了结识新朋友契机	3.01	.788	2.99	1.236	2.95	1.017	2.96	.930
	SV2. 海岸旅游能够让游客在社会生活中突出自己	2.81	.713	2.88	1.164	2.62	1.209	2.73	.767
	SV3. 海岸旅游能够给游客带来优越感	2.65	.826	2.76	1.284	2.33	1.119	2.69	.900
	SV4. 海岸旅游让游客感到自豪	2.95	.704	2.99	1.179	2.68	1.268	3.03	.919
获得价值	EAV1. 海岸旅游的整体旅游质量很好	3.41	.359	3.51	.866	3.23	.634	3.42	.768
	EAV2. 海岸旅游景区的路线布置得不错，不会让游客觉得枯燥乏味	3.39	.402	3.50	.809	3.23	.691	3.46	.638
	EAV3. 通过海岸旅游景区达到了预期的旅游目的	3.56	.412	3.65	.830	3.52	.614	3.53	.684
	EAV4. 在旅游景点，游客可以体验高水平的服务	3.34	.447	3.33	1.021	3.13	1.144	3.21	.783

表8-10　济州岛海洋旅游市场细分结果

变量		集群分类				谢弗法和图基法多重比较检验							
		细分Ⅰ (n=209)	细分Ⅱ (n=141)	细分Ⅲ (n=106)	细分Ⅳ (n=89)	1~2	1~3	1~4	2~3	2~4	3~4	F	P
海洋旅游活动偏好	休闲运动型	-.081	.012	.081	.074							.871	.456
	购物·美食型	-.154	.119	.103	.051							2.831	.038
	体验型	-.149	.031	.145	.128							2.877	.036
	自然景观观赏型	-.019	.054	.075	-.131							.882	.450
	人文景观观赏型	-.064	0.015	.095	.061							.734	.532
海洋旅游舒适度	环境性	.006	.182	-.161	-.112				*			2.902	.034
	安全性	-.055	.056	.199	-.197						*	2.963	.032
	文化性	-.040	.059	-.042	.050							.419	.740
	便利性	-.085	-.056	.099	.171							1.900	.129
	社会性	.112	.094	-.400	.064		*		*		*	7.344	.000
	舒适性	-.065	.107	-.013	-.000 8							.842	.471

续表

	变 量	集群分类				谢弗法和图基法多重比较检验						
		细分Ⅰ（n=209）	细分Ⅱ（n=141）	细分Ⅲ（n=106）	细分Ⅳ（n=89）	1~2	1~3	1~4	2~3	2~4	3~4	F	P
感知价值	价格价值	.015	.188	−.324	.052		*		*			5.636	.001
	情绪价值	−.170	.020	.403	−.113		*		*		*	8.493	.000
	社会价值	.048	.055	−.174	.006							1.390	.245
	获得价值	.070	.013	−.235	.094							2.606	.051
		自然景观追求型	购物·美食追求型	体验追求型	无关集群								

注：*表示该 2 个组之间存在显著差异。

（二）海南岛

为探究赴海南岛旅游的中国游客（不包含港澳台地区的游客）对海洋旅游舒适度、海洋旅游活动偏好和感知价值的认知，本书在采集的554份样本中，采用有效样本528份进行实证分析。从性别分布来看，男性296人（占比56.1%）、女性232人（占比43.9%）；从年龄分布来看，30～39岁人群为140人（占比26.5%），20～29岁人群127人（占比24.1%）、40～49岁人群100人（占比18.9%）、50～59岁人群91人（占比17.2%）、20岁以下人群36人（占比6.8%）、60岁以上人群34人（6.5%）；从学历来看，本科在读或毕业者有217人（占比41.1%）、专科在读或毕业者有209人（占比39.6%）、高中及以下学历者有86人（占比16.3%）、研究生在读或毕业者有16人（占比3.0%）；从各职业分布来看，应答者中技术岗151人（占比28.6%）、专门职业89人（占比16.9%）、销售·服务职业81人（占比15.3%）、事务职62人（占比11.8%）、学生43人（占比8.1%）、个体户39人（占比7.4%）、家庭主妇26人（占比4.9%）、其他职业20人（占比3.8%）、农林渔业从业人员17名（占比3.2%）；从月收入来看，月收入在6 000元以内165人（占比31.2%）、6 000～7 999元160人（占比30.3%）、8 000～9 999元119人（占比22.5%）、10 000～11 999元51人（占比9.7%）、12 000～13 999元23人（占比4.4%）、14 000元以上10人（占比1.9%）；从同伴类型来看，同伴类型中独自旅行者282人（占比53.4%）、家庭成员123人（占比23.3%）、朋友84人（占比15.9%）、同事32人（占比6.1%）、团体7人（占比1.3%）；从同行人数来看，独自旅行者278人（占比52.6%）、2～3人117人（占比22.2%）、4～5名104人（占比19.7%）、6～9人25人（占比4.7%）、10名以上4人（占比0.8%）；从居住地来看，居住地为东北综合经济区（黑龙江、吉林、辽宁）57人（占比10.8%）、北部沿海经济区（北京、天津、河北、山东）127人（占比24.1%）、东部沿海经济区（上海、江苏、浙江）103人（占比19.5%）、南部沿海经济区（广东、福建）90人（占比17.1%）、黄河经济区（陕西、山西、河南、内蒙古）72人（占比13.6%）、长江经济区（湖南、湖北、安徽、江西）

57人（占比10.8%）、西南经济区（云南、贵州、四川、重庆、广西）16人（占比3.0%）、西北经济区（甘肃、青海、宁夏、新疆）6人（占比1.1%）。具体分析结果如表8-11所示。

从海南岛海洋游客FIMIX-PLS细分分析结果看，细分Ⅳ的样本数为21个，表现为无关集群，不进行分析。其余3个集群从性别分布来看，细分Ⅰ和Ⅱ中男性占比较高，细分Ⅲ中男女占比均衡；从年龄段分布来看，细分Ⅰ中20～29岁人群占比最高，细分Ⅱ、Ⅲ中30～39岁人群占比最高；从学历分布来看，细分Ⅰ、Ⅲ中本科在读或毕业者比例较高，细分Ⅱ中专科在读或毕业者占比较高；从职业分布来看，3个集群中技术岗的占比均最高；从月收入水平分布来看，细分Ⅰ中6 000元以下的比例最高，细分Ⅱ中6 000～7 999元区间占比最高，细分Ⅲ中6 000元以下与6 000～7 999元区间收入者持平；从同伴类型分布来看，3个集群中均为独自旅行者占比最高；从同行人数来看，同行人数中独自旅行者占比最高；从居住地分布来看，北部沿海经济区（北京、天津、河北、山东）的游客最多。具体分析结果如表8-12所示。

从海洋旅游活动偏好细分分析结果来看，自然景观观赏型因素在细分Ⅰ、Ⅱ、Ⅲ中，"观赏河口等海岸地形景观"项目均表现为低水平；人文景观观赏型因素在细分Ⅰ、Ⅱ、Ⅲ中，"游览水族馆等主题旅游景区"项目均表现为低水平；休闲运动型因素在细分Ⅰ中，"体验全地形车等海岸运动"项目表现为较低水平，在细分Ⅱ、Ⅲ中，"体验潜水、海底漫步"项目表现为较低水平；体验型因素在细分Ⅰ、Ⅱ中，"体验海水浴场"项目表现为较低水平，在细分Ⅲ中"体验海边节庆等庆典活动"项目表现为较低水平；购物·美食型因素在细分Ⅰ、Ⅱ、Ⅲ中，"体验海边咖啡厅"项目均表现为较低水平。具体分析结果如表8-13所示。

表 8-11 样本的人口统计学特征（海南岛）

区分	问项	样本数量	比率（%）	区分	问项	样本数量	比率（%）
性别	男性	296	56.1	学历	高中及以下	86	16.3
	女性	232	43.9		专科在读或毕业	209	39.6
年龄	20 岁以下	36	6.8		本科在读或毕业	217	41.1
	20～29 岁	127	24.1		研究生在读或毕业	16	3.0
	30～39 岁	140	26.5	同伴类型	独自	282	53.4
	40～49 岁	100	18.9		朋友	84	15.9
	50～59 岁	91	17.2		家庭成员	123	23.3
	60 岁以上	34	6.5		同事	32	6.1
职业	事务职	62	11.8		团体	7	1.3
	专门职业	89	16.9	同伴数	独自	278	52.6
	技术岗	151	28.6		2～3 名	117	22.2
	销售服务职业	81	15.3		4～5 名	104	19.7
	自营业	39	7.4		6～9 名	25	4.7
	家庭主妇	26	4.9		10 名以上	4	0.8
	学生	43	8.1	居住地	东北综合经济区	57	10.8
	农林渔业	17	3.2		北部沿海经济区	127	24.1
	其他	20	3.8		东部沿海经济区	103	19.5
月收入	6 000 元以内	165	31.2		南部沿海经济区	90	17.1
	6 000～7 999 元	160	30.3		黄河经济区	72	13.6
	8 000～9 999 元	119	22.5		长江经济区	57	10.8
	10 000～11 999 元	51	9.7		西南经济区	16	3.0
	12 000～13 999 元	23	4.4		西北经济区	6	1.1
	14 000 元以上	10	1.9		总计	528	100

从海洋旅游舒适度细分分析结果来看，安全性因素在细分Ⅰ中，"海岸是否安全，不受犯罪及灾害威胁"项目表现为较低水平，细分Ⅱ中，"不用担心海岸道路交通安全"项目表现为较低水平，细分Ⅲ中，"使用娱乐设施及海上运动设施时不用担心安全问题"项目表现为较低水平；舒适性因素在细分Ⅰ、Ⅲ中，"海岸旅游地内游客不拥挤，感到舒畅"项目表现为较低水平，细分Ⅱ中"使用海水浴场时，没有蚊虫、螨虫、海蜇等的困扰"项目表现为较低水平；便利性因素在细分Ⅰ中，"海岸旅游地周边餐饮设施齐全（如餐馆、咖啡厅、便利店）"项目表现为较低水平；细分Ⅱ、Ⅲ中"海水浴场有数量充足的便利设施（如公共厕所、洗澡间、休息间）"项目表现为较低水平；社会性因素在细分Ⅰ中，"当地政府积极支持海岸以及海洋旅游"项目表现为较低水平，在细分Ⅱ、Ⅲ中，"当地居民对游客态度亲切"项目表现为较低水平；文化性因素在细分Ⅰ、Ⅱ中"能够直接体验到海洋文化"项目表现为较低水平，在细分Ⅲ中，"能够直接参与当地海边文化节庆活动"项目表现为较低水平。具体分析结果如表8-14所示。

从感知价值的细分描述统计分析结果来看，价格价值因素在细分Ⅰ、Ⅱ、Ⅲ中均被验证为"与其他景区相比，海岸旅游提供了与价格相应的价值"项目表现为较低水平；情绪价值因素在细分Ⅰ、Ⅱ中，"海岸旅游给予游客满足感"项目表现为较低水平，在细分Ⅲ中，"海岸旅游给了游客摆脱日常生活的机会"项目表现为较低水平；社会价值因素在细分Ⅰ、Ⅱ中，"海岸旅游能够给游客带来优越感"项目表现为较低水平，在细分Ⅲ中，"海岸旅游能够让游客在社会生活中突出自己"项目表现为较低水平；获得价值因素在细分Ⅰ、Ⅱ、Ⅲ中均被验证为"在旅游景点，游客可以体验高水平的服务"项目表现为较低水平。具体分析结果如表8-15所示。

从海南岛海洋游客细分结果来看，通过因素分析，提取了购物·美食追求型、体验追求型和自然景观追求型3种海洋旅游类型。为了对不同海洋旅游类型进行事后检验，使用了单因素方差分析。

首先，本书将细分Ⅰ命名为"购物·美食追求型"，分析结果表明，海南岛购物·美食追求型游客在海洋旅游活动偏好中的购物·美食型变量表现为高水平，平均值为 −0.009；海洋旅游舒适度中安全性变量表现为高水平，平均值为 0.077；感知价值中价格价值变量表现为高水平，平均值为 −0.033；海南岛购物·美食追求型游客在海洋旅游活动偏好中自然景观观赏型因素及感知价值中价格价值因素上呈负值，在海洋旅游舒适度中安全性因素上呈正值。

本书将细分 Ⅱ 命名为"体验追求型"，分析结果表明，海南岛体验追求型游客在海洋旅游活动偏好中的体验型变量表现为高水平，平均值为 0.087；海洋旅游舒适度中舒适性变量表现为高水平，平均值为 0.024；感知价值中获取价值变量表现为高水平，平均值为 0.116。海南岛体验追求型游客在海洋旅游活动偏好中体验型因素、海洋旅游舒适度中的舒适性因素、感知价值中的获得价值因素上均表现为正值。

本书将细分 Ⅲ 命名为"自然景观追求型"，分析结果表明，海南岛自然景观追求型游客在海洋旅游活动偏好中的自然景观观赏型变量表现为高水平，平均值为 0.285；海洋旅游舒适度中的便利性变量表现为高水平，平均值为 0.318；感知价值中的情绪价值变量表现为高水平，平均值为 0.2773。海南岛自然景观追求型游客在海洋旅游活动偏好中自然景观欣赏型因素、海洋旅游舒适度中的便利性因素、感知价值中的情绪价值因素均呈现为正值。具体分析结果如表 8−16 所示。

表8-12 人口统计学细分分析（海南岛）

区 分		细分 Ⅰ（n=179）		细分 Ⅱ（n=173）		细分 Ⅲ（n=155）		细分 Ⅳ（n=21）	
		样本数量	比率（%）	样本数量	比率（%）	样本数量	比率（%）	样本数量	比率（%）
性别	男性	110	61.5	98	56.6	79	51.0	9	42.9
	女性	69	38.5	75	43.4	76	49.0	12	57.1
年龄	20岁以下	13	7.3	15	8.7	3	1.9	5	23.8
	20～29岁	53	29.6	40	23.1	27	17.4	7	33.3
	30～39岁	34	19.0	41	23.7	61	39.4	4	19.1
	40～49岁	26	14.5	33	19.1	39	25.2	2	9.5
	50～59岁	36	20.1	32	18.5	21	13.5	2	9.5
	60岁以上	17	9.5	12	6.9	4	2.6	1	4.8
学历	高中毕业及以下	31	17.3	27	15.6	22	14.2	6	28.6
	专科在读或毕业	68	38.0	73	42.2	61	39.3	7	33.3
	本科在读或毕业	76	42.5	65	37.6	68	43.9	8	38.1
	研究生在读或毕业	4	2.2	8	4.6	4	2.6	0	0
职业	事务职	19	10.6	22	12.7	20	12.9	1	4.8
	专门职业	31	17.3	27	15.6	29	18.7	2	9.5
	技术岗	53	29.6	49	28.3	41	26.5	8	38.1
	销售·服务业	23	12.9	34	19.7	21	13.5	3	14.3
	个体户	13	7.3	12	6.9	14	9.0	0	0
	家庭主妇	10	5.6	6	3.5	10	6.5	0	0
	学生	11	6.1	13	7.5	15	9.7	4	19.0
	农林渔业	9	5.0	4	2.3	4	2.6	0	0
	其他	10	5.6	6	3.5	1	0.6	3	14.3

续表

区　分		细分Ⅰ（n=179）		细分Ⅱ（n=173）		细分Ⅲ（n=155）		细分Ⅳ（n=21）	
		样本数量	比率（%）	样本数量	比率（%）	样本数量	比率（%）	样本数量	比率（%）
月收入	6 000 元以下	57	31.8	48	27.7	47	30.3	13	61.9
	6 000～7 999 元	56	31.3	51	29.5	47	30.3	6	28.6
	8 000～9 999 元	39	21.8	45	26.0	35	22.6	0	0
	10 000～11 999 元	18	10.1	15	8.7	17	11.0	1	4.8
	12 000～13 999 元	7	3.9	10	5.8	6	3.9	0	0
	14 000 元以上	2	1.1	4	2.3	3	1.9	1	4.8
同伴类型	独自	93	52.0	89	51.4	88	56.8	12	57.1
	朋友	26	14.5	34	19.7	20	12.9	4	19.0
	家庭成员	43	24.0	38	22.0	37	23.9	5	23.8
	同事	13	7.3	10	5.8	9	5.8	0	0
	团体	4	2.2	2	1.2	1	0.6	0	0
同伴数	独自	89	49.7	91	52.6	86	55.5	12	57.1
	2～3 名	44	24.6	36	20.8	33	21.3	4	19.0
	4～5 名	33	18.4	36	20.8	30	19.4	5	23.8
	6～9 名	10	5.6	9	5.2	6	3.9	0	0
	10 名以上	3	1.7	1	0.6	0	0	0	0

续表

区 分		细分 I （n=179）		细分 II （n=173）		细分 III （n=155）		细分 IV （n=21）	
		样本 数量	比率 （%）	样本 数量	比率 （%）	样本 数量	比率 （%）	样本 数量	比率 （%）
居 住 地	东北综合经 济区	22	12.3	13	7.5	20	12.9	2	9.5
	北部沿海经 济区	48	26.8	38	22.0	37	23.9	4	19.0
	东部沿海经 济区	37	20.7	36	20.8	26	16.8	4	19.0
	南部沿海经 济区	27	15.1	33	19.1	25	16.1	5	23.8
	黄河经济区	17	9.5	25	14.5	28	18.1	2	9.5
	长江经济区	19	10.6	21	12.1	14	9.0	3	14.3
	西南经济区	6	3.4	5	2.9	4	2.6	1	4.8
	西北经济区	3	1.7	2	1.2	1	0.6	0	0

表8-13　海洋旅游活动偏好细分分析（海南岛）

区分		细分I (n=179)		细分II (n=173)		细分III (n=155)		细分IV (n=21)	
		平均	分散	平均	分散	平均	分散	平均	分散
自然景观观赏型	NL1. 观赏日出、日落景观	3.83	.537	3.98	.668	4.31	.319	3.95	.548
	NL2. 观赏海岸道路景观	3.91	.756	4.09	.794	4.25	.628	3.95	.948
	NL3. 观赏河口等海岸地形景观	3.78	.635	3.88	.591	4.20	.564	3.86	.529
人文景观观赏型	HL1. 游览历史遗迹等	3.92	.578	3.98	.604	4.15	.508	4.10	1.190
	HL2. 游览渔村、渔港	4.08	.713	4.10	.636	4.29	.454	3.95	.848
	HL3. 游览水族馆等主题旅游景区	3.91	.558	3.98	.633	4.13	.490	4.10	1.090
休闲运动型	LS1. 体验游艇、游览船只等	3.87	.596	3.98	.657	4.18	.513	3.52	1.362
	LS2. 体验冲浪等水上运动	4.05	.700	4.05	.893	4.17	.664	3.76	1.390
	LS3. 体验全地形车等海岸运动	3.78	.419	3.90	.757	4.13	.503	3.52	.662
	LS4. 体验潜水、海底漫步	3.81	.660	3.89	.610	4.07	.573	3.71	1.414
体验型	E1. 体验温泉桑拿	3.89	.437	4.02	.651	4.19	.430	3.57	1.057
	E2. 体验海水浴场	3.84	.515	4.01	.686	4.21	.519	3.57	1.357
	E3. 体验海边节庆典庆活动	4.03	.713	4.12	.631	4.17	.582	3.43	1.157
	E5. 体验高品质海洋主题度假村	3.85	.518	4.05	.498	4.21	.425	3.62	1.048

续表

区分		细分I（n=179）		细分II（n=173）		细分III（n=155）		细分IV（n=21）	
		平均	分散	平均	分散	平均	分散	平均	分散
购物·美食型	SR1. 购买海鲜等旅游产品	4.03	.909	3.95	.980	4.15	.781	3.81	1.362
	SR2. 体验海边美食	3.89	.534	3.87	.628	4.30	.470	3.67	.833
	SR3. 体验海边咖啡厅	3.79	.640	3.80	.868	4.12	.545	3.52	1.562

表8-14 海洋旅游舒适度细分分析（海南岛）

区分		细分I (n=179)		细分II (n=173)		细分III (n=155)		细分IV (n=21)	
		平均	分散	平均	分散	平均	分散	平均	分散
安全性	A_SA1. 海岸是否安全，不受犯罪及灾害威胁	3.93	.654	3.87	.798	4.23	.361	2.95	1.548
	A_SA2. 使用娱乐设施及海上运动设施时不用担心安全问题	4.21	.821	3.97	.877	4.14	.590	3.14	2.329
	A_SA3. 海水浴场有数量充足的救生设备	3.99	.623	4.00	.535	4.23	.439	3.38	1.648
	A_SA4. 发生危险时能够比较容易地请求帮助	3.97	.690	3.87	.716	4.19	.608	3.19	1.662
	A_SA5. 不用担心海岸道路交通安全	3.96	.685	3.84	.621	4.15	.547	3.19	1.262
舒适性	A_CT2. 海岸地区没有不好的味道（如海草、鱼类腐烂的味道）	3.96	.857	3.94	.676	4.20	.551	3.14	1.729
	A_CT3. 海岸旅游地内游客不拥挤，感到舒畅	3.83	.715	3.94	.641	4.05	.413	3.00	2.000
	A_CT4. 使用海水浴场时，没有蚊虫、螨虫、海蜇等的困扰	3.87	.703	3.88	.649	4.17	.491	3.05	1.948
环境性	A_E1. 海岸自然环境没有被破坏，得到了很好的保护	3.87	.627	3.87	.693	4.15	.569	3.10	1.690
	A_E2. 海边建筑物和设施等亲近自然	4.20	.782	4.06	.799	4.26	.585	3.24	.890
	A_E3. 海岸旅游景区没有破坏环境的因素（如废水、树枝残骸、垃圾）	3.86	.748	3.84	.660	4.08	.519	3.00	1.500
	A_E4. 开发海水浴场时比较好地保留了自然地形	3.85	.696	3.87	.577	4.15	.387	3.38	1.048

续表

区分		细分I（n=179）		细分II（n=173）		细分III（n=155）		细分IV（n=21）	
		平均	分散	平均	分散	平均	分散	平均	分散
便利性	A_CE1. 海水浴场有数量充足的便利设施（如公共厕所、洗澡间、休息间）	3.83	.710	3.88	.673	4.17	.491	3.19	1.162
	A_CE2. 海岸旅游地周边餐饮设施齐全（如餐馆、咖啡厅、便利店）	3.78	.713	3.91	.701	4.21	.532	3.43	.757
	A_CE3. 海岸旅游地旅游服务设施齐全（如指示牌、旅游地图）	3.93	.772	4.05	.696	4.21	.606	3.48	.862
	A_CE4. 海岸旅游地周边公交车、出租车等公共交通工具使用便利	3.79	.651	3.88	.614	4.25	.618	3.52	.662
社会性	A_SO1. 当地居民对游客态度亲切	3.83	.658	3.91	.573	4.15	.413	3.38	.748
	A_SO2. 当地居民对海岸旅游地的历史文化比较了解	4.02	.834	3.96	.795	4.17	.556	3.24	.590
	A_SO3. 当地政府积极支持海岸以及海洋旅游	3.81	.634	3.94	.618	4.23	.309	3.24	.990
文化性	A_CL1. 能够直接体验到海洋文化	3.89	.652	3.85	.733	4.14	.564	3.29	1.114
	A_CL2. 能够直接参观当地传统建筑以及历史遗迹	4.09	.805	4.03	.738	4.28	.555	3.57	1.357
	A_CL3. 能够直接参与当地海边文化节庆活动	3.90	.720	3.86	.667	4.13	.633	3.43	1.121
	A_CL4. 能够直接体验海上休闲运动	3.93	.659	3.94	.578	4.20	.590	3.52	1.062

表 8-15 感知价值细分分析（海南岛）

区分		细分I (n=179)		细分II (n=173)		细分III (n=155)		细分IV (n=21)	
		平均	分散	平均	分散	平均	分散	平均	分散
价格价值	PV1. 本次旅游与所支付的费用相比，有足够的价值	3.89	.347	3.88	.626	4.28	.436	3.43	1.157
	PV2. 与其他景区相比，海岸旅游提供了与价格相符的价值	3.87	.465	3.85	.663	4.12	.550	3.33	1.133
	PV3. 以恰当的价格提供了良好的服务	4.16	.721	4.02	.674	4.28	.490	3.33	1.633
	PV4. 愿意支付适当的费用	3.95	.441	3.94	.653	4.19	.573	3.24	1.590
	PV5. 本次旅游相对于付出的金钱更有价值	3.94	.435	3.94	.734	4.20	.603	3.19	1.462
	PV6. 本次旅游相对于付出的时间与精力更有价值	3.87	.438	3.93	.646	4.14	.551	3.24	.690
情绪价值	EMV1. 海岸旅游为游客提供了别样的乐趣	3.93	.479	3.93	.646	4.21	.567	3.62	1.348
	EMV2. 海岸旅游为游客提供了新的体验	3.89	.444	3.95	.626	4.21	.516	3.81	1.462
	EMV3. 海岸旅游给予游客安定感	4.11	.650	4.03	.673	4.33	.456	3.81	1.662
	EMV4. 海岸旅游给予游客满足感	3.84	.459	3.88	.747	4.23	.540	3.48	1.562
	EMV5. 海岸旅游有助于游客缓解压力	3.96	.470	3.95	.603	4.29	.597	3.57	1.157
	EMV6. 海岸旅游给了游客摆脱日常生活的机会	3.93	.445	3.99	.605	4.19	.547	3.62	1.148

续表

区 分	细分I (n=179) 平均	分散	细分II (n=173) 平均	分散	细分III (n=155) 平均	分散	细分IV (n=21) 平均	分散
社会价值 SV1. 海岸旅游提供了结识新朋友契机	3.86	.413	3.89	.691	4.20	.408	3.67	1.033
SV2. 海岸旅游能够让游客在社会生活中突出自己	4.06	.676	4.05	.998	4.14	.495	3.57	1.757
SV3. 海岸旅游能够给游客带来优越感	3.86	.492	3.84	.811	4.19	.508	3.33	1.433
SV4. 海岸旅游让游客感到自豪	3.89	.567	3.91	.677	4.23	.553	3.52	1.562
获得价值 EAV1. 海岸旅游的整体旅游质量很好	3.92	.488	3.98	.558	4.24	.508	3.57	.957
EAV2. 海岸旅游景区的路线布置得不错，不会让游客觉得枯燥乏味	4.10	.686	4.16	.726	4.12	.576	3.38	1.648
EAV3. 通过海岸旅游景区达到了预期的旅游目的	3.94	.469	4.17	.478	4.29	.467	3.38	1.748
EAV4. 在旅游景点，游客可以体验高水平的服务	3.78	.744	3.82	.880	3.94	.536	3.57	1.057

表8-16　海南岛海洋旅游市场细分结果

变量	集群分类				谢弗法和图基法多重比较检验							
	细分I（n=179）	细分II（n=173）	细分III（n=155）	细分IV（n=21）	1~2	1~3	1~4	2~3	2~4	3~4	F	P
海洋旅游活动偏好 休闲运动型	-.075	-.016	.161	-.416							2.962	.032
体验型	-.168	.087	.201	-.771		*			*	*	8.773	.000
购物·美食型	-.009	-.146	.209	-.259				*			3.985	.007
自然景观观赏型	-.239	-.015	.285	.064		*					7.979	.000
人文景观观赏型	-.073	-.053	.119	.183							1.466	.223
海洋旅游舒适度 安全性	.077	-.128	.184	-.965			*	*	*	*	10.080	.000
文化性	.004	-.085	.134	-.327							2.114	.098
便利性	-.240	.003	.318	-.333		*		*	*	*	9.949	.000
环境性	.034	-.052	.125	-.787			*		*	*	5.512	.001
舒适性	-.051	.024	.149	-.871			*		*	*	6.899	.000
社会性	-.125	-.017	.243	-.577		*				*	6.554	.000

续表

变 量		集群分类				谢弗法和图基法多重比较检验							
		细分 I (n=179)	细分 II (n=173)	细分 III (n=155)	细分 IV (n=21)	1~2	1~3	1~4	2~3	2~4	3~4	F	P
感知价值	价格价值	-.033	-.086	.2772	-1.044		*	*	*	*	*	12.937	.000
	情绪价值	-.110	-.113	.2773	-.169		*		*			5.801	.001
	社会价值	-.052	-.080	.198	-.359							3.534	.015
	获得价值	-.102	.116	.090	-.754			*		*	*	5.979	.001
		购物·美食追求型	体验追求型	自然景观追求型	无关集群								

注：*表示该2个组之间存在显著差异。

二、济州岛与海南岛海洋旅游细分比较

确保未观测到的数据异质性得到充分考量，在数据分析领域至关重要，旨在防范分析结论因数据集内隐含的未明细分群体而产生偏差。面对此类隐含的未明细分群体带来的挑战，FIMIX-PLS 方法成为一种有效识别、评估及应对该问题的策略。该技术的实施涉及 4 个阶段：第 1 阶段，运用 FIMIX-PLS 算法；第 2 阶段确定最优的群体划分数量，此步骤对精确解析数据结构尤为关键；第 3 阶段揭露各潜在群体的内在结构特征；第 4 阶段，针对每个识别出的群体，构建并推测其特有模型，以此实现对异质性的深入理解与处理。

FIMIX-PLS 相较于其他基于 PLS-SEM 的潜在类别分析技术，展现出显著优势。它提供了更为丰富的工具集，尤其其借助似然信息准则，增强了模型选择的科学性和严谨性。这一额外的评判维度不仅强化了研究者在决定群体数量时的决策依据的可靠性，还提升了整个分析过程的可靠性和解释力，从而确保数据分析全面覆盖所有显著群体，同时深刻洞察各群体内部的复杂机制。①

本书将海洋旅游活动偏好分为休闲运动型、购物·美食型、体验型、自然景观观赏型、人文景观观赏型 5 个因素；海洋旅游舒适度分为环境性、安全性、文化性、便利性、社会性和舒适性 6 个因素；感知价值分为价格价值、情绪价值、社会价值、获得价值 4 个因素；FIMIX-PLS 3 个细分集群命名为自然景观追求型、购物·美食追求型、体验追求型。

济州岛海洋游客 FIMIX-PLS 提取的各细分市场特征如表 8-17 所示。

① Arenas-Gaitán J, Rondán-Cataluña F J, Ramírez-Correa P E. Modelling the success of learning management systems: Application of latent class segmentation using FIMIX-PLS[J]. Interactive Learning Environments, 2018, 26（1）: 135-147.

表8-17 济州岛海洋游客市场细分（FIMIX-PLS）

济州岛海洋游客市场细分		细分Ⅰ 自然景观追求型	细分Ⅱ 购物·美食追求型	细分Ⅲ 体验追求型
海洋旅游活动偏好		自然景观观赏型	购物·美食型	体验型
海洋旅游舒适度		社会性	环境性	安全性
感知价值		获得价值	价格价值	情绪价值
人口统计学特征	性别	男女均衡	男性	男女均衡
	年龄	30～39岁	40～49岁	30～39岁
	学历	本科在读或毕业	本科在读或毕业	本科在读或毕业
	职业	事务职	事务职	事务职
	同伴类型	家庭成员	家庭成员	家庭成员
	同伴数	2～3名	2～3名	2～3名
	居住地	京畿道	京畿道	京畿道

细分Ⅰ济州岛自然景观追求型海洋游客中，海洋旅游活动偏好以自然景观观赏型因素为优先顺序，海洋旅游舒适度以社会性因素为优先顺序，感知价值以获得价值因素为优先顺序。在人口统计学特征中，性别表现为男女均衡，年龄为30～39岁，学历为本科在读或毕业，职业为事务职，同伴类型为家庭成员，同伴数为2～3名，居住地为京畿道。

细分Ⅱ济州岛购物·美食追求型海洋游客中，海洋旅游活动偏好以购物·美食型因素为优先顺序，海洋旅游舒适度以环境性因素为优先顺序，感知价值以价格价值因素为优先顺序。在人口统计学特征中，性别表现为男性较多，年龄为40～49岁，学历为本科在读或毕业，职业为事务职，同伴类型为家庭成员，同伴数为2～3名，居住地为京畿道。

细分Ⅲ济州岛体验追求型海洋游客中，海洋旅游活动偏好以体验型因素为优先顺序，海洋旅游舒适度以安全性因素为优先顺序，感知价值以情绪价值因素为优先顺序。在人口统计学特征中，性别表现为男女均衡，年龄为30～39岁，学历为本科在读或毕业，职业为事务职，同伴类型为家庭成员，同伴数为

2 ～ 3 名，居住地为京畿道的海洋游客。

海南岛海洋游客 FIMIX-PLS 提取的各细分市场特征如表 8-18 所示。

表 8-18　海南岛海洋游客市场细分（FIMIX-PLS）

海南岛海洋游客细分		细分Ⅰ 购物·美食追求型	细分Ⅱ 体验追求型	细分Ⅲ 自然景观追求型
海洋旅游活动偏好		购物·美食型	体验型	自然景观观赏型
海洋旅游舒适度		安全性	舒适性	便利性
感知价值		价格价值	获得价值	情绪价值
人口统计学特征	性别	男性	男性	男女均衡
	年龄	20 ～ 29 岁	30 ～ 39 岁	30 ～ 39 岁
	学历	本科在读或毕业	专科在读或毕业	本科在读或毕业
	职业	技术岗	技术岗	技术岗
	同伴类型	独自	独自	独自
	同伴数	独自	独自	独自
	居住地	北部沿海经济区	北部沿海经济区	北部沿海经济区

细分Ⅰ海南岛购物·美食追求型海洋游客中，海洋旅游活动偏好以购物·美食型因素为优先顺序，海洋舒适度以安全性因素为优先顺序，感知价值以价格价值因素为优先顺序。在人口统计学特征中，性别表现为男性较多，年龄为 20 ～ 29 岁，学历为本科在读或毕业，职业为技术岗，同伴类型为独自，同伴数为独自，居住地为北部沿海经济区（北京、天津、河北、山东）。

细分Ⅱ海南岛体验追求型海洋游客中，海洋旅游活动偏好以体验型因素为优先顺序，海洋旅游舒适度以舒适性因素为优先顺序，感知价值以获得价值因素为优先顺序。在人口统计学特征中，性别表现为男性居多，年龄为 30 ～ 39 岁，学历专科在读或毕业，职业为技术岗，同伴类型为独自，同伴数为独自，居住地为北部沿海经济区（北京、天津、河北、山东）。

细分Ⅲ海南岛自然景观追求型海洋游客中，海洋旅游活动偏好以自然景观观赏型因素为优先顺序，海洋旅游舒适度以便利性因素为优先顺序，感知价值以情绪价值因素为优先顺序。在人口统计学特征中，性别表现为男女均衡，年龄为 30～39 岁，学历为本科在读或毕业，职业为技术岗，同伴类型为独自，同伴数为独自，居住地为北部沿海经济区（北京、天津、河北、山东）。

三、济州岛与海南岛海洋旅游 STP 战略

STP 包含市场细分（Segmentation）、目标市场选择（Targeting）和市场定位（Positioning）3 个关键要素。本书根据济州岛和海南岛海洋游客 FIMIX-PLS 细分分析结果制定了海洋旅游 STP 战略。

在济州岛海洋旅游 STP 战略中，市场细分以 30～39 岁及 40～49 岁事务职男女、30～39 岁家庭主妇、全年龄层家庭游客为主，居住地为首尔、仁川、京畿道。目标市场以居住在韩国首都圈的 30～39 岁海洋自然景观追求型家庭游客、40～49 岁海岸购物·美食型家庭游客为主。市场定位以高品质海洋旅游活动、海洋绿色食品与海岸咖啡厅体验、安全有趣的温泉与海水浴体验项目为主。具体内容如图 8-3 所示。

在海南岛海洋旅游 STP 战略中，市场细分以 20～29 岁专门职、技术职、销售·服务职男性与 30～39 岁专门职、技术职、销售·服务职男女，以及 1～3 名个人、家庭、朋友同行游客为主；居住地以北部沿海综合经济区（北京、天津、河北、山东）、东部沿海经济区（上海、江苏、浙江）、东北综合经济区（黑龙江、吉林、辽宁）为主。目标市场以东北、北部沿海、东部沿海居民和 20～29 岁海岸购物·美食追求型个人与朋友同行游客、30～39 岁海洋自然景观追求型个人和家庭游客为主。市场定位以便利的海洋自然旅游项目、安全的海边美食与水产品购买项目、舒适的海洋文化体验项目为主。具体内容如图 8-4 所示。

Segmentation 市场细分	Targeting 目标市场	Positioning 市场定位
人口统计学特征： √ 30～39岁及40～49岁事务职男女 √ 30～39岁家庭主妇 √ 家庭游客 居住地： √ 首尔 √ 仁川 √ 京畿道	√ 韩国首都圈居民 √ 30～39岁海洋自然景观追求型家庭游客 √ 40～49岁海岸购物·美食型家庭游客	√ 高品质海洋旅游活动 √ 海洋绿色食品与海岸咖啡厅体验 √ 安全有趣的温泉与海水浴体验项目

图 8-3　济州岛海洋旅游 STP 战略

Segmentation 市场细分	Targeting 目标市场	Positioning 市场定位
人口统计学特征： √ 20～29岁专门职、技术职、销售·服务职男性 √ 30～39岁专门职、技术职、销售·服务职男女 √ 1～3名个人、家庭、朋友同行游客 居住地： √ 北部沿海综合经济区（北京、天津、河北、山东） √ 东部沿海经济区（上海、江苏、浙江） √ 东北综合经济区（黑龙江、吉林、辽宁）	√ 东北、北部沿海、东部沿海居民 √ 20～29岁海岸购物·美食追求型个人与朋友同行游客 √ 30～39岁海洋自然景观追求型个人和家庭游客	√ 便利的海洋自然旅游项目 √ 安全的海边美食与水产品购买项目 √ 舒适的海洋文化体验项目

图 8-4　海南岛海洋旅游 STP 战略

第九章　结论

第一节　研究结果

　　本书通过广泛的文献回顾与分析，界定了海洋旅游活动偏好、海洋旅游舒适度、感知价值、态度的概念及类型。海洋旅游活动偏好分为自然景观观赏型、人文景观观赏型、休闲运动型、体验型、购物·美食型5种类型；海洋旅游舒适度由安全性、舒适性、环境性、便利性、社会性、文化性6种因素构成；海洋旅游感知价值由价格价值、情绪价值、社会价值、获取价值4个维度组成；态度则主要由济州岛和海南岛海洋游客的整体满意度、再访问意向、推荐意图构成。

　　本书采用 SPSS 25.0 和 SmartPLS 3.2.9 软件对研究模型进行了验证，并使用多元回归分析方法验证济州岛与海南岛游客的海洋旅游活动偏好、海洋旅游舒适度、感知价值、态度之间的关系。

　　从对海洋旅游活动偏好与感知价值的关系的检验结果来看，海洋旅游活动偏好中除自然景观观赏型和购物·美食型外，休闲运动型（β=.172，P<.001）、体验型（β=.094，P<.01）、人文景观观赏型（β=.133，P<.001）对感知价值中价格价值因素存在显著的正向影响，因此，假设 1–1 部分成立；海洋旅游活动偏好中休闲运动型（β=.066，P<.05）、体验型（β=.179，P<.001）、自然景

观观赏型（β=.239，$P<.001$）、人文景观观赏型（β=.068，$P<.05$）、购物·美食型（β=.193，$P<.001$）等所有因素对感知价值中情绪价值因素存在显著的正向影响，因此，假设1-2成立。海洋旅游活动偏好中除购物·美食型以外的休闲运动型（β=.279，$P<.001$）、体验型（β=-.091，$P<.01$）、自然景观观赏型（β=-.055，$P<.05$）、人文景观观赏型（β=.301，$P<.001$）对感知价值中社会价值因素呈显著影响；海洋旅游活动偏好中体验型和自然景观欣赏型对感知价值中的社会价值因素的影响为显著的负向影响，休闲运动型和人文景观观赏型对社会价值的影响为显著的正向影响，因此，假设1-3部分成立。海洋旅游活动偏好中除体验型、自然景观欣赏型、购物美食型之外的休闲运动型（β=.121，$P<.001$）、人文景观观赏型（β=.173，$P<.001$）对感知价值中获得价值因素存在显著的正向影响，因此假设1-4部分成立。研究结果受到崔英德等[①]、郑允熙和姜信谦[②]、崔允英和李秀范[③]等人的研究结果的支持。从海洋旅游活动偏好对海洋旅游舒适度的影响关系检验结果来看，海洋旅游活动偏好中除自然景观欣赏型和购物·美食型外的休闲运动型（β=.151，$P<.001$）、体验型（β=-.059，$P<.01$）、人文景观观赏型（β=.213，$P<.001$）对海洋旅游舒适度中的环境性因素存在显著影响关系，其中休闲运动型和人文景观观赏型对海洋旅游舒适度中的环境性因素的影响为显著的正向影响，体验型对海洋旅游舒适度中的环境性因素的影响为显著的负向影响。因此，假设2-1部分成立。海洋旅游活动偏好中休闲运动型（β=.179，$P<.001$）、体验型（β=.065，$P<.05$）、自然景观观赏型（β=.065，$P<.05$）、人文景观观赏型（β=.150，$P<.001$）、购物·美食型（β=.095，$P<.01$）等所有因素对海洋旅游舒适度中安全性因素存在显著的正向影响。因此，假设2-2成立。海洋旅游活动偏好中休闲运动型（β=.224，$P<.001$）、体验型（β=.140，$P<.001$）、自然景观观赏型（β=.105，$P<.001$）、

① 崔英德，郑大英，尹志焕.农村体验型村落的体验要素、访问价值、行动意图之间的关系分析：以韩半岛木筏村为中心 [J].旅游休闲研究，2014，26（3）：95-112.

② 郑允熙，姜信谦.文化遗产旅游体验要素与体验价值的关系研究 [J].旅游研究，2016，31（4）：171-191.

③ 崔允英，李秀范.葡萄酒旅游体验活动对感知价值、满意度及行动意图的影响：以韩国酒庄为例 [J].旅游研究杂志，2018，32（1）：169-184.

人文景观观赏型（β=.114，P<.001）、购物·美食型（β=.075，P<.01）等所有因素对海洋旅游舒适度中文化性因素存在显著的正向影响。因此，假设 2-3 成立。海洋旅游活动偏好中除休闲运动型和自然景观观赏型外，体验型（β=.185，P<.001）、人文景观观赏型（β=.112，P<.001）、购物·美食型（β=.179，P<.001）对海洋旅游舒适度中便利性因素存在显著的正向影响。因此，假设 2-4 部分成立。海洋旅游活动偏好中除体验型、自然景观观赏型及购物·美食型外，休闲运动型（β=.133，P<.001）、人文景观观赏型（β=.235，P<.001）对海洋旅游舒适度中社会性因素存在显著的正向影响。因此，假设 2-5 部分成立。海洋旅游活动偏好中除休闲运动型、体验型和购物·美食型外，自然景观欣赏型（β=.144，P<.001）、人文景观观赏型（β=.081，P<.01）对海洋旅游舒适度中舒适性因素存在显著的正向影响。因此，假设 2-6 部分成立。由于目前还没有关于海洋旅游活动偏好与海洋旅游舒适度之间关系的研究，需要后续研究验证。

海洋旅游舒适度中环境性（β=.247，P<.001）、安全性（β=.157，P<.001）、文化性（β=.215，P<.001）、便利性（β=.177，P<.001）、社会性（β=.213，P<.001）、舒适性（β=.120，P<.001）等所有因素均对感知价值中价格价值因素存在显著的正向影响。因此，假设 3-1 成立。海洋旅游舒适度中除环境性和社会性因素外，安全性（β=.110，P<.001）、文化性（β=.170，P<.001）、便利性（β=.186，P<.001）、舒适性（β=.138，P<.001）对感知价值中情绪价值因素存在显著的正向影响。因此，假设 3-2 部分成立。海洋旅游舒适度中除便利性因素以外的环境性（β=.288，P<.001）、安全性（β=.118，P<.001）、文化性（β=.109，P<.001）、社会性（β=.312，P<.001）、舒适性（β=.058，P<.05）对感知价值中社会价值因素存在显著的正向影响。因此，假设 3-3 部分成立。海洋旅游舒适度中的环境性（β=.165，P<.001）、安全性（β=.180，P<.001）、文化性（β=.131，P<.001）、便利性（β=.138，P<.001）、社会性（β=.152，P<.001）、舒适性（β=.094，P<.01）等所有因素均对感知价值中获得价值因素存在显著的正向影响。因此，假设 3-4 成立。关于海洋旅游舒适

度的研究较少，但以上研究结果受到罗贤珠等[①]、成宝贤和崔英锡[②]研究结果的支持。

对海洋旅游活动偏好、海洋空间舒适性认知、感知价值对态度的影响的检验结果表明，海洋旅游活动偏好中除休闲运动型和人文景观观赏型外，体验型（β=.132，$P<.001$）、自然景观欣赏型（β=.202，$P<.001$）、购物·美食型（β=.119，$P<.001$）对态度存在显著的正向影响。因此，假设 4-1 和 4-4 不成立，假设 4-2、4-3、4-5 成立。该研究结果与全仁顺[③]、朴英植[④]等人的研究结果一致。

海洋旅游舒适度中除社会性因素外的环境性（β=-.069，$P<.05$）对态度存在显著的负向影响，安全性（β=.113，$P<.001$）、文化性（β=.111，$P<.001$）、便利性（β=.170，$P<.001$）、舒适性（β=.104，$P<.001$）对态度存在显著的正向影响。因此，假设 5-1 和 5-5 不成立，假设 5-2、5-3、5-4、5-6 成立。该研究结果受到李青旭和崔炳奎[⑤]、金在浩[⑥]等研究结果的支持。

感知价值中社会价值（β=-.104，$P<.001$）对态度存在显著的负向影响外，价格价值（β=.160，$P<.001$）、情绪价值（β=.302，$P<.001$）和获得价值（β=.156，$P<.001$）对态度存在显著的正向影响。因此，假设 6-3 不成立，假设 6-1、6-2、6-4 成立。

对海洋旅游舒适度在海洋旅游活动偏好与态度间的中介效应的检验结果表

① 罗贤珠，金炳植，金华龙.水上休闲运动选择属性对服务价值、满足及行动意图的影响[J]. 韩国社会安全学会杂志，2012，8（1）：31-53.

② 成宝贤，崔英锡.生态体验的动机、感知价值、满意度及行动意图之间的影响关系：以生态体验基础设施的差异为中心[J].旅游研究论丛，2016，28（3）：55-78.

③ 全仁顺.SNS旅游信息对旅游胜地偏好度和行动意图的影响[J].东北亚观光研究，2014，10（3）：63-83.

④ 朴英植.社交网络服务旅游信息特性对旅游胜地偏好度及满意度的影响[J].网络电子商务研究，2017，17（6）：199-215.

⑤ 李青旭，崔炳奎.新鲜便利农产品选择动机对消费者态度和产品感知的影响[J].旅游研究杂志，2014，28（8）：109-121.

⑥ 金在浩.海岛游客的旅游动机对旅游后态度的影响：以仁川广域市岛屿地区为例[J].旅游经营研究，2014（62）：125-145.

明，海洋旅游舒适度中环境性因素在海洋旅游活动偏好中体验型、自然景观观赏型、购物·美食型因素和态度之间具有部分中介效应；海洋旅游舒适度中安全性因素在海洋旅游活动偏好中体验型因素和态度之间具有部分中介效应；海洋旅游舒适度中文化性因素在海洋旅游活动偏好中体验型、自然景观观赏型、购物·美食型和态度之间具有部分中介效应；海洋旅游舒适度中便利性因素在海洋旅游活动偏好中体验型、自然景观观赏型、购物·美食型和态度之间具有部分中介效应；海洋旅游舒适度中社会性因素在海洋旅游活动偏好和态度之间不存在中介效应；海洋旅游舒适度中舒适性因素在海洋旅游活动偏好中自然景观观赏型因素和态度之间具有部分中介效应。因此，假设7中的7-1、7-2、7-3、7-4、7-6部分成立，假设7-5不成立。

对感知价值在海洋旅游活动偏好与态度间的中介效应的检验结果表明，感知价值中价格价值因素在海洋旅游活动偏好中体验型和态度之间具有部分中介效应；感知价值中情绪价值因素在海洋旅游活动偏好中体验型、自然景观观赏型、购物·美食型和态度之间具有完全中介效应；感知价值中社会价值因素在海洋旅游活动偏好中体验型、自然景观观赏型和态度之间具有部分中介效应；感知价值中获得价值因素在海洋旅游活动偏好和态度之间不具有中介效应。因此，假设8中的8-1、8-2和8-3部分成立，假设8-4不成立。

本书根据济州岛和海南岛海洋游客FIMIX-PLS细分分析结果制定了海洋旅游STP战略。在济州岛海洋旅游STP战略中，市场细分以30～39岁及40～49岁事务职男女、30～39岁家庭主妇、全年龄层家庭游客为主，居住地为首尔、仁川、京畿道。目标市场以居住在韩国首都圈的30～39岁海洋自然景观追求型家庭游客、40～49岁海岸购物·美食型家庭游客为主。市场定位以高品质海洋旅游活动、海洋绿色食品与海岸咖啡厅体验、安全有趣的温泉与海水浴体验项目为主。

在海南岛海洋旅游STP战略中，市场细分以20～29岁专门职、技术职、销售·服务职男性与30～39岁专门职、技术职、销售·服务职男女，以及1～3名个人、家庭、朋友同行游客为主；居住地以北部沿海综合经济区（北京、天津、河北、山东）、东部沿海经济区（上海、江苏、浙江）、东北综合经济区（黑龙江、吉林、辽宁）为主。目标市场以东北、北部沿海、东部沿海居民和 20～29 岁海岸购物·美食追求型个人与朋友同行游客、30～39 岁海洋自然景观追求型个人和家庭游客为主。市场定位以便利的海洋自然旅游项目、安全的海边美食与水产品购买项目、舒适的海洋文化体验项目为主。

第二节　研究启示

一、学术启示

本书对济州岛和海南岛海洋游客海洋旅游活动偏好、海洋旅游舒适度、感知价值与态度之间的关系进行了验证，并对海洋旅游市场细分进行了研究。

首先，本书通过综合文献回顾与实证调查数据，系统地界定了海洋旅游活动偏好、舒适度、感知价值和态度的概念及其构成要素，为后续的海洋旅游学术研究奠定了坚实的理论基础。本书还通过实证研究确认了海洋旅游活动偏好对游客舒适度及感知价值的直接影响，以及这些因素如何进一步影响游客的态度，包括整体满意度、重游意愿和推荐意图。本书的研究结果明确证实了海洋旅游舒适度与感知价值在活动偏好与态度间关系中的中介作用，为深入探讨这些变量间的复杂关联提供了实证支持。

其次，本书创新性地应用了 FIMIX-PLS 分析技术来进行市场细分，对济州岛与海南岛的海洋旅游市场进行了细致区分，并据此提出了定制化的 STP 策略建议。这一尝试不仅为海洋旅游市场细分领域提供了新颖的分析工具与方法，还为业界实践者和研究人员实施精准营销、制定策略提供了有价值的分析范式与实践指南。

二、实践启示

通过研究发现，济州岛海洋旅游游客在海洋旅游活动中最偏爱观赏海岸道路景观,其次是温泉及 SPA 体验活动、日出及日落等景观观赏、海边咖啡厅与餐厅体验、海水浴场体验、河口等海岸地形观赏等项目。济州海洋旅游活动中游客最不喜欢的活动有潜水及海底漫步体验等。这将为今后的济州岛海洋旅游开发提供参考。

从济州岛海洋旅游游客对海洋旅游舒适度认识的分析结果来看,游客对于"发生危险时能够比较容易地请求帮助""海岸旅游地内游客不拥挤,感到舒畅""使用海水浴场时,没有蚊虫、螨虫、海蜇等的困扰""海岸旅游景区没有破坏环境的因素(如废水、树枝残骸、垃圾)""海水浴场有数量充足的便利设施(如公共厕所、洗澡间、休息间)""海岸旅游地周边公交车、出租车等公共交通工具使用便利""当地居民对海岸旅游地的历史文化比较了解""能够直接参观当地传统建筑以及历史遗迹""能够直接体验到海洋文化"等项目的评价较低,在今后的海洋旅游开发及管理中需要重视以上问题。

从海南岛海洋旅游游客对海洋旅游舒适度认识的分析结果来看,"海岸是否安全,不受犯罪及灾害威胁""不用担心海岸道路交通安全""使用娱乐设施及海上运动设施时不用担心安全问题""海岸旅游地内游客不拥挤,感到舒畅""使用海水浴场时,没有蚊虫、螨虫、海蜇等的困扰""海岸旅游地周边餐饮设施齐全(如餐馆、咖啡厅、便利店)""海水浴场有数量充足的便利设施(如公共厕所、洗澡间、休息间)""当地政府积极支持海岸以及海洋旅游""当地居民对游客态度亲切""能够直接体验到海洋文化""能够直接参与当地海边文化节庆活动"等项目评价偏低,这为今后海南岛海洋旅游开发与管理提供了借鉴。

本书将济州岛和海南岛海洋游客市场细分分为自然景观追求型、购物·美食追求型、体验追求型 3 种类型,并确立了 STP 营销策略,为济州岛与海南岛的海洋旅游营销提供了实际依据。

参考文献

[1] 成奇满 . 韩国国内海洋旅游景点开发研究 [D]. 首尔：世宗大学，2002.

[2] 姜秉灿 . 名牌旅游认识和感知价值对品牌态度及行动意图的影响 [D]. 水原：庆熙大学，2012.

[3] 金炳国 . 城市生活环境指标测定相关研究 [D]. 首尔：建国大学，1989.

[4] 金成镇 . 为搞活海洋旅游，分析海岸地区的特性及各旅游要素的重要性 [D]. 釜山：东义大学，2010.

[5] 金智仁 . 海岛旅游舒适度的概念化与量表开发 [D]. 木浦：木浦大学，2011.

[6] 金智善 . 世界文化遗产地的旅游体验结构分析 [D]. 首尔：汉阳大学，2011.

[7] 李怿辰 . 全域旅游背景下营口黄金海岸带滨海旅游资源评价与开发研究 [D]. 沈阳：沈阳师范大学，2021.

[8] 卢静妍 . 通过故事讲述黑色旅游景点的品牌价值和顾客行为相关研究 [D]. 大邱：启明大学，2015.

[9] 马艳 . 基于游客满意度的黄金海岸旅游资源开发对策研究 [D]. 石家庄：河北师范大学，2013.

[10] 朴斗熙 . 根据经济及舒适度水平研究韩国城市差距 [D]. 光州：朝鲜大学，1996.

[11] 萨日 . 中国游客赴韩国传统市场的旅游动机、旅游制约因素对感知价值及顾客满意程度的影响 [D]. 大邱：启明大学，2017.

[12] 夏莉惠 . 旅游地居民环境感知、环境行为与生活质量感知关系研究：以武陵源为例 [D]. 长沙：湖南师范大学，2019.

[13] 许靖 . 浙江省海岸带旅游资源 CSS 评价 [D]. 金华：浙江师范大学，2012.

[14] 张天宇 . 游客感知价值与地方依恋的相关性研究 [D]. 北京：北京林业大学，2019.

[15] 安蓉，梁娜 . 高职学生职业定向认知对职业未决的影响机制：基于情感舒适度部分中介作用的分析 [J]. 职业技术教育，2016，37（1）：62-67.

[16] 安柱锡，李承坤 . 故宫旅游体验品质、感知价值、态度及行为意图之间的结构性关系：以服饰体验的调节效果为中心 [J]. 旅游研究杂志，2020，34（9）：5-19.

[17] 白石宗，金淑姬 . 首都圈居民对绿色旅游的态度研究 [J]. 旅游研究杂志，2005，19（3）：147-162.

[18] 边京元 . 夜间滑雪度假村选择属性和感知价值、态度及顾客忠诚度之间的结构性关系：根据地区进行模型比较 [J]. 韩国体育产业经营学会杂志，2015，20（3）：131-150.

[19] 成宝贤，崔英锡 . 生态体验的动机、感知价值、满意度及行动意图之间的影响关系：以生态体验基础设施的差异为中心 [J]. 旅游研究论丛，2016，28（3）：55-78.

[20] 崔炳吉 . 旅游者的感知价值对旅游满意度及行动意图的影响：以济州游客为例 [J]. 旅游学研究，2012，36（4）：101-119.

[21] 崔海勇，尹有植，朴在德 . 第六次产业革命背景下农村体验旅游的选择属性和体验项目偏好对农村旅游行动意图及开发支持度的影响 [J]. 旅游研究杂志，2014，28（2）：185-198.

[22] 崔容福 . 基于岛屿舒适度开发的森林资源实态调查研究：以济州岛 5 个附属岛，下楸子岛、飞扬岛、鸟岛、车归岛、文岛为例 [J]. 韩国山林休养学会杂志，2012，16（2）：133-141.

[23] 崔胜顺 . 旅游景点形象和感知值对旅游行动意图的影响：以访韩的中国游客为中心 [J]. 旅游经营研究，2012，51：267-284.

[24] 崔秀明 . 农村舒适度资源高效保护与资源化方向研究 [J]. 农村生活科学，2002，23（3）：46-51.

[25] 崔英德，郑大英，尹志焕 . 农村体验型村落的体验要素、访问价值、行动意图之间的关系分析：以韩半岛木筏村为中心 [J]. 旅游休闲研究，2014，26（3）：

95-112.

[26] 崔元植，李秀范．绿色餐饮服务场景对消费者感知价值、态度和行为意愿的影响[J].烹饪科学与酒店研究，2012，18（5）：45-62.

[27] 崔允英，李秀范．葡萄酒旅游体验活动对感知价值、满意度及行动意图的影响：以韩国酒庄为例[J].旅游研究杂志，2018，32（1）：169-184.

[28] 崔智贤，李大辉．DMZ旅游动机对感知价值和沉浸、满意度及行动意图的影响分析[J].旅游研究杂志，2019，33（2）：77-94.

[29] 崔钟弼．度假村参与者的感知价值对服务质量及顾客满意的影响[J].旅游研究，2011，26（1）：467-487.

[30] 董朝阳，童亿勤，薛东前，等．海岛旅游文化景观特征及影响因素分析：以舟山桃花岛为例[J].陕西师范大学学报（自然科学版），2018，46（5）：98-107.

[31] 方世敏，杨静．旅游演艺游客感知影响因素及价值提升对策研究[J].旅游论坛，2012，5（3）：17-21.

[32] 夫昌山．海洋观光地开发选址研究：以济州地区为中心[J].旅游经营研究，2019，91：855-874.

[33] 高维全，曹洪珍，王玉霞．海岛旅游绩效评价及驱动因子研究：以中国12个海岛县（区）为例[J].数学的实践与认识，2020，50（6）：264-273.

[34] 高旭，吴泗宗．购物网站顾客价值影响因素分析[J].山东社会科学，2013（3）：150-153.

[35] 郭珉锡，赵光敏．高尔夫球场品牌资产测定因素与品牌价值、顾客满意、品牌态度、再访问意图之间的关系[J].韩国体育学会杂志，2011，50（1）：147-160.

[36] 韩佳英，金柱德．女性对男性化妆的认识及态度的研究[J].韩国化妆品美容学会杂志，2012，2（1）：61-77.

[37] 贾贞慧，金镇玉，李忠基．节庆活动参加者的动机、感知价值、满意度及行动意图之间的结构性关系分析：以首尔灯庆典为例[J].旅游研究杂志，2018，32（7）：157-169.

[38] 姜熙锡，南泰锡．南海岸海洋旅游开发政策方向的战略研究[J].旅游休闲研究，2017，29（11）：293-312.

[39] 金恩子，李容焕.农村舒适度评价标准开发研究 [J].农业教育和人力资源开发，2007，39（3）：125-154.

[40] 金基浩，郑基汉.海洋旅游目的地属性对感知价值、顾客满意度和忠诚度的影响研究：以统营、巨济观光地为例 [J].旅游研究，2010，25（5）：123-141.

[41] 金基浩.岛屿观光地的体验质量对感知价值、顾客满意、顾客流失、再访问意图的影响：以巨济、统营、固城观光地为例 [J].旅游学研究，2011，35（9）：297-318.

[42] 金京来.为搞活海洋休闲体育建立旅游园区的研究：以江陵市泗川港为例 [J].2015.

[43] 金龙洙，林元贤.城市居民娱乐空间的舒适度资源分析 [J].韩国造景学会杂志，1992，20（2）：27-42.

[44] 金美淑，张熙顺.房地产交易电子合同系统特性对使用意向的影响：认知的有用性和便利性的中介效果 [J].房地产法学，2021，25（4）：93-112.

[45] 金民秀，全镇浩.基于 SWOT-AHP 方法的江原道东海岸旅游事业发展战略研究 [J].旅游研究杂志，2016，30（6）：85-97.

[46] 金农吴，李东信.全罗南道海洋旅游的发展方案研究 [J].韩国图书研究，2012，24（4）：161-181.

[47] 金泉瑞，李在宇.生活方式对休闲运动选择属性的影响研究 [J].旅游休闲研究，2010，22（6）：123-138.

[48] 金相贤，吴尚贤.关于顾客再购买意愿、决定因素的研究：顾客价值、顾客满意、转换费用、替代方案的魅力度 [J].营销研究，2002，17（2）：25-55.

[49] 金英珠.基于农村空间结构特点重新确立舒适度资源分类体系 [J].农村计划，2012，18（1）：1-8.

[50] 金在浩.海岛游客的旅游动机对旅游后态度的影响：以仁川广域市岛屿地区为例 [J].旅游经营研究，2014（62）：125-145.

[51] 金哲宇，李在亨.体育观光参加者满意程度对再参加意图和转换意图的影响 [J].韩国体育调查，2004，15（6）：853-864.

[52] 金正浩.关于海洋旅游资源的地方自治团体间的联系、合作利用的探索性研究 [J].

韩国地方自治研究，2013，15（1）：181-199.

[53] 金正燮.农村发展和舒适度：国际研究动向和含义 [J].农渔村和环境，2002，11（4）：22-32.

[54] 金智仁.基于AHP分析的岛屿旅游舒适度评价因素的优先顺序研究 [J].人文社会，2015，6（2）：301-318.

[55] 金钟勋，张炳柱.青少年的个人价值对教育观光偏好及教育观光态度的影响：以釜山地区高中为中心 [J].酒店经营学研究，2016，25（6）：1-17.

[56] 李厚锡.Pine 和 Gilmore 的体验要素对农村游客满足的影响研究：以感知价值为中介效应 [J].旅游研究杂志，2015，29（3）：109-121.

[57] 李厚锡.游客环境认识对满足和旅游态度的影响：以南杨州 Joan Slow City 游客的新环境模式（NEP）认识为例 [J].旅游研究，2013，28（3）：189-204.

[58] 李明九.国外旅行商品的感知价值对选择属性和旅行满足及行动意图的影响 [J].酒店旅游研究，2014，16（5）：48-68.

[59] 李明植，金昌洙.国家形象对旅游景区态度和行动意图的影响研究 [J].旅游学研究，2012，36（1）：157-178.

[60] 李青旭，崔炳奎.新鲜便利农产品选择动机对消费者态度和产品感知的影响 [J].旅游研究杂志，2014，28（8）：109-121.

[61] 李瑞要，李泰熙.主题公园故事、品牌态度、满意度及事后态度间的影响关系分析：以访问爱宝乐园的 20～29 岁游客为例 [J].旅游研究杂志，2018，32（6）：123-136.

[62] 李相春，吕浩根.海洋性娱乐活动偏好研究 [J].旅游休闲研究，2001，13（1）：43-59.

[63] 李相文.基于居民参与性挖掘的农村舒适度资源方案研究 [J].农渔村和环境，2001，11（4）：33-41.

[64] 李学仁，郑基韩.旅游产业中旅游动机对消费价值和满足、行动意图的影响 [J].互联网电子商务研究，2017，17（6）：319-335.

[65] 李月调，黄倩，张江驰.负面舆论对游客忠诚度的曲线影响：安全感知和旅游形象感知的中介作用 [J].旅游学刊，2019，34（5）：105-116.

[66] 李悦铮，李鹏升，黄丹．海岛旅游资源评价体系构建研究 [J].资源科学，2013，35（2）：304-311.

[67] 李在燮，金敬元．教育观光商品的满足、推荐意图、再购买意图的研究：以商品类型为中心 [J].旅游服务研究，2009，9（1）：93-111.

[68] 李震熙，韩相仁．基于 IPA 方法的济州地区海洋休闲旅游发展方案研究 [J].济州观光学研究，2006，10：191-208.

[69] 李正奎，潘正花．根据文化观光客价值的市场细分和选择行为分析 [J].文化旅游研究，2002，4（2）：107-127.

[70] 梁承弼，郭永大．生态旅游的魅力属性、旅游态度、感知价值对满意度的影响研究 [J].旅游研究，2010，25（5）：271-290.

[71] 梁吉承．农村旅游服务质量和旅游态度之间的关系中知觉价值的中介效果分析 [J].旅游研究杂志，2014，28（5）：181-193.

[72] 林亨伯．关于舒适度的概念、起源和历史、分类的研究 [J].韩国农村指导学会杂志，2001，8（2）：191-199.

[73] 林孟龙，林明水，李永棠，等．海洋旅游发展的蓝色经济转向研究 [J].中国生态旅游，2021，11（4）：519-535.

[74] 林允贞，李慧琳，尹长烈．影像拍摄地游客的选择属性和态度研究 [J].旅游研究，2006，21（2）：235-255.

[75] 柳恩珠．美容专业在校生的感知价值及满意度的影响 [J].韩国设计文化学会杂志，2017，23（3）：285-296.

[76] 罗贤珠，金炳植，金华龙．水上休闲运动选择属性对服务价值、满足及行动意图的影响研究 [J].韩国社会安全学会杂志，2012，8（1）：31-53.

[77] ［日］内田唯史，浮田正夫，中园真人，等．城市沿海地区滨海配套价值评价研究 [J]日本土木工程师学会会刊，1995（509）：211-220.

[78] 朴英植．社交网络服务旅游信息特性对旅游胜地偏好度及满意度的影响 [J].网络电子商务研究，2017，17（6）：199-215.

[79] 全仁顺．SNS 旅游信息对旅游胜地偏好度和行动意图的影响 [J].东北亚观光研究，2014，10（3）：63-83.

[80] 芮田生，阎洪．旅游市场细分研究述评 [J]．旅游科学，2009，23（5）：59-63.

[81] 尚蕾，杨兴柱．国外舒适性研究综述 [J]．云南地理环境研究，2017，29（3）：6-16.

[82] 申昌烈，宋学俊，李忠基．畜产品质量、庆典主题认识、感知价值、满意度之间的结构关系研究：以 2010 堤川国际韩方生物博览会为例 [J]．旅游研究，2012，26（6）：205-225.

[83] 宋学俊．文化观光地选择属性，感知价值，满足感之间的结构性关系研究：以景福宫游客为例 [J]．酒店经营学研究，2012，21（5）：219-236.

[84] 孙炳模，李翰．游客旅游动机对旅游满意度及行动意愿的影响：以干预度的调节效果为中心 [J]．旅游休闲研究，2011，23（3）：23-42.

[85] 孙正基，韩尚日．饮食旅游的态度、主观规范、知觉行为控制对行动意图的影响研究：以应用 PA（快乐、觉醒）感情尺度的修正后的计划行为理论为中心 [J]．旅游学研究，2016，40（3）：11-33.

[86] 王芳，朱大奎．全球变化背景下可持续的滨海旅游资源开发与管理 [J]．自然资源学报，2012，27（1）：1-16.

[87] 王莉，张宏梅，陆林，等．湿地公园游客感知价值研究：以西溪 / 溱湖为例 [J]．旅游学刊，2014，29（6）：87-96.

[88] 王宁．城市舒适物与社会不平等 [J]．西北师大学报（社会科学版），2010，47（5）：1-8.

[89] 王中雨．国内旅游市场细分研究综述 [J]．现代农业科技，2008（4）：213-214.

[90] 文顺德，金锡允．关于岛民对济州岛海洋文化资源的认识和态度研究 [J]．济州岛研究，2021（55）：139-177.

[91] 夏赞才，陈双兰．生态游客感知价值对环境友好行为意向的影响 [J]．中南林业科技大学学报（社会科学版），2015，9（1）：27-32，77.

[92] 小寺伦明．利用地区资源搞活地区经济的可能性：关于有效利用山阴海岸地质公园的地区建设的一个考察 [J]．商大论集，2011，63：121-142.

[93] 许技术．农村舒适度资源化的价值评价方案 [J]．农渔村和环境，2001（73）：42-50.

[94] 薛岚. 国外乡村舒适性研究综述与启示 [J]. 地理科学进展，2020，39（12）：2129-2138.

[95] 杨璐，程菲，谢红彬. 福建武夷山风景区旅游舒适度评价：基于马斯洛需要层次理论 [J]. 山西师范大学学报（自然科学版），2021，35（2）：77-85.

[96] 尹宝英，金判英. 旅游产品感知价值的探索性因素分析 [J]. 旅游经营研究，2008，34：94-114.

[97] 尹雪敏. 扩展计划行为理论（ETPB）对冒险休闲活动的行动分析：以事前知识和热爱度的作用为中心 [J]. 酒店经营学研究，2011，20（6）：189-208.

[98] 尹贞贤. 文化观光解说员的资质及解说内容对感情反应及感知价值的影响 [J]. 旅游休闲研究，2012，24（8）：343-361.

[99] 尹紫妍，延胜浩，严瑞浩. 文化遗产观光地项目的体验性对访客态度变化的影响 [J]. 文化遗产，2015，48（3）：120-137.

[100] 张泰善，尹正宪. 工作和生活的协调、旅游价值感知及旅游参与意图之间的影响关系 [J]. 东北亚旅游研究，2019，15（4）：43-63.

[101] 赵元燮. 基于扩展计划行为理论的咖啡专卖店行动意图研究 [J]. 旅游研究，2014，28（6）：161-179.

[102] 郑允熙，姜信谦. 文化遗产旅游体验要素与体验价值的关系研究 [J]. 旅游研究，2016，31（4）：171-191.

[103] 郑允熙，吴治玉. 景区选择属性和感知价值、旅游态度之间的关系研究：以全州韩屋村为中心 [J]. 旅游研究，2017，32（3）：57-80.

[104] 周炫植. 名牌旅游的感知价值对品牌态度及行动意图的影响 [J]. MICE 旅游研究，2017，17（2）：7-24.

[105] 朱贤植，权龙珠，李成浩. 对酒店餐厅 LOHAS 形象的感知服务质量及价值、顾客满意度、忠诚度的影响关系研究 [J]. 酒店经营学研究，2008，17（6）：1-18.

[106] Abrams J B, Gosnell H, Gill N J, et al. Re-creating the rural, reconstructing nature：An international literature review of the environmental implications of amenity migration[J]. Conservation and society，2012，10（3）：270-284.

[107] Adnyana I W E, Budarma I K, MURNI N G N S. Developing Kampoeng Kepiting

ecotourism tuban using 4a components[J]. International Journal of Glocal Tourism，2022，3（1）：20-27.

[108] Ajzen I，Fishbein M. A Bayesian analysis of attribution processes[J]. Psychological Bulletin，1975，82（2）：261-277.

[109] Arenas-Gaitán J，Rondán-Cataluña F J，Ramírez-Correa P E. Modelling the success of learning management systems：Application of latent class segmentation using FIMIX-PLS[J]. Interactive Learning Environments，2018，26（1）：135-147.

[110] Argent N，Smailes P，Griffin T. The amenity complex：Towards a framework for analysing and predicting the emergence of a multifunctional countryside in Australia[J]. Geographical Research，2007，45（3）：217-232.

[111] Ariza E，Lindeman K C，Mozumder P，et al. Beach management in Florida：Assessing stakeholder perceptions on governance[J]. Ocean & Coastal Management，2014（96）：82-93.

[112] Baron R M，Kenny D A. The moderator-mediator variable distinction in social psychological research：Conceptual，strategic，and statistical considerations[J]. Journal of Personality and Social Psychology，1986，51（6）：1173-1182.

[113] Becker J M，Ringle C M，Sarstedt M，et al. How collinearity affects mixture regression results[J]. Marketing Letters，2015，26（4）：643-659.

[114] Boarnet M G. Spillovers and the locational effects of public infrastructure[J]. Journal of Regional Science，1998，38（3）：381-400.

[115] Bolton R N，Drew J H. A multistage model of customers'assessments of service quality and value[J]. Journal of Consumer Research，1991，17（4）：375-384.

[116] Carmichael B A. A matrix model for resident attitudes and behaviours in a rapidly changing tourist area[J]. Tourism Management，2000，21（6）：601-611.

[117] Chaudhuri A，Holbrook M B. The chain of effects from brand trust and brand affect to brand performance：The role of brand loyalty[J]. Journal of marketing，2001，65（2）：81-93.

[118] Chen C F, Chen F S. Experience quality, perceived value, satisfaction and behavioral intentions for heritage tourists[J]. Tourism Management, 2010, 31（1）: 29−35.

[119] Chen Chung−Ling, Bau Yi−Ping. Establishing a multi−criteria evaluation structure for tourist beaches in Taiwan: A foundation for sustainable beach tourism[J]. Ocean & Coastal Management, 2016（121）: 88−96.

[120] Chin W W. The partial least squares approach to structural equation modeling[J]. Modern Methods For Business Research, 1998, 295（2）: 295−336.

[121] Christie M, Fazey I, Cooper R, et al. An evaluation of monetary and non−monetary techniques for assessing the importance of biodiversity and ecosystem services to people in countries with developing economies[J]. Ecological Economics, 2012（83）: 67−78.

[122] Clark T N, Lloyd R, Wong K K, et al. Amenities drive urban growth[J]. Journal of Urban Affairs, 2002, 24（5）: 493−515.

[123] Cohen J. Set correlation and contingency tables[J]. Applied Psychological Measurement, 1988, 12（4）: 425−434.

[124] Cortes−Vazquez J A. The end of the idyll? Post−crisis conservation and amenity migration in natural protected areas[J]. Journal of Rural Studies, 2017（51）: 115−124.

[125] Dermody J, Hanmer−Lloyd S, Koenig−Lewis N, et al. Advancing sustainable consumption in the UK and China: The mediating effect of pro−environmental self−identity[J]. Journal of Marketing Management, 2015, 31（13−14）: 1472−1502.

[126] Dodds R, Holmes M R. Beach tourists; what factors satisfy them and drive them to return[J]. Ocean & Coastal Management, 2019（168）: 158−166.

[127] DODDS W B. In search of value: How price and store name information influence buyers' product perceptions[J]. Journal of Consumer Marketing, 1991, 8（2）: 15−24.

[128] Fornell C，Larcker D F. Evaluating structural equation models with unobservable variables and measurement error[J]. Journal of Marketing Research，1981，18（1）：39-51.

[129] Freedman M P. Relationship among laboratory instruction，attitude toward science，and achievement in science knowledge[J]. Journal of Research In Science Teaching，1997，34（4）：343-357.

[130] Gannon M，Rasoolimanesh S M，Taheri B. Assessing the mediating role of residents' perceptions toward tourism development[J]. Journal of Travel Research，2021，60（1）：149-171.

[131] Gottlieb P D. Amenities as an economic development tool：Is there enough evidence?[J]. Economic Development Quarterly，1994，8（3）：270-285.

[132] Gottlieb P D. Residential amenities，firm location and economic development[J]. Urban Studies，1995，32（9）：1413-1436.

[133] GYOURKO J，TRACY J. The structure of local public finance and the quality of life[J]. Journal of Political Economy，1991，99（4）：774-806.

[134] Hahn C，Johnson M D，Herrmann A，et al. Capturing customer heterogeneity using a finite mixture PLS approach[J]. Schmalenbach Business Review，2002，54（3）：243-269.

[135] Hair Jr J F，Sarstedt M，Matthews L M，et al. Identifying and treating unobserved heterogeneity with FIMIX-PLS：Part I-method[J]. European Business Review，2016，28（1）：63-76.

[136] Handaru A W，Nindito M，Mukhtar S，et al. Beach attraction：Upcoming model in bangka island，indonesia[J]. Academy of Strategic Management Journal，2019，18（5）：1-12.

[137] Hankinson G. Destination brand images：A business tourism perspective[J]. Journal of Services Marketing，2005，19（1）：24-32.

[138] Johnston C，Liu J，Din K. Coastal and marine tourism[J]. Annals of Tourism Research，1991，18（3）：523-525.

[139] Kashyap R，Bojanic D C. A structural analysis of value，quality，and price perceptions of business and leisure travelers[J]. Journal of Travel Research，2000，39（1）：45-51.

[140] Krech D. Theory and problems of social psychology[J]. Journal of Consulting Psychology，1949，13（1）：65.

[141] Kuo N T，Chang K C，Chen M C，et al. Investigating the effect of service quality on customer post-purchasing behaviors in the hotel sector：The moderating role of service convenience[J]. Journal of Quality Assurance in Hospitality & Tourism，2012，13（3）：212-234.

[142] Ledden L，Kalafatis S P，Samouel P. The relationship between personal values and perceived value of education[J]. Journal of Business Research，2007，60（9）：965-974.

[143] Lee C K，Yoon Y S，Lee S K. Investigating the relationships among perceived value，satisfaction，and recommendations：The case of the Korean DMZ[J]. Tourism Management，2007，28（1）：204-214.

[144] Li Y Q，Liu C H. Impact of cultural contact on satisfaction and attachment：Mediating roles of creative experiences and cultural memories[J]. Journal of Hospitality Marketing & Management，2020，29（2）：221-245.

[145] Liu B，Pennington-Gray L，Krieger J. Tourism crisis management：Can the extended parallel process model be used to understand crisis responses in the cruise industry?[J]. Tourism Management，2016（55）：310-321.

[146] Micallef A，Williams A T，GALLEGO FERNANDEZ J B. Bathing area quality and landscape evaluation on the Mediterranean coast of Andalucia，Spain[J]. Journal of Coastal Research，2011（61）：87-95.

[147] Micallef A，Williams A T. Theoretical strategy considerations for beach management[J]. Ocean & Coastal Management，2002，45（4-5）：261-275.

[148] Mitchell V W. How to identify psychographic segments：Part 1[J]. Marketing Intelligence & Planning，1994，12（7）：4-10.

[149] Mohamad D, Jaafar M. Comfort level of physical infrastructure provision in Langkawi island: Viewing through the lens of tourism and transportation facilities [J]. Research Journal of Fisheries and Hydrobiology, 2016, 11（3）: 38-44.

[150] Oliver R L. A cognitive model of the antecedents and consequences of satisfaction decisions[J]. Journal of Marketing Research, 1980, 17（4）: 460-469.

[151] Parmawati R, Leksono A S, Yanuwiadi B, et al. Exploration of marine tourism in Watulimo, Trenggalek Regency: Challenges, potentials, and development strategies[J]. Journal of Indonesian Tourism and Development Studies, 2017, 5 （3）: 175-184.

[152] Partridge M D. The duelling models: NEG vs amenity migration in explaining US engines of growth[J]. Papers in Regional Science, 2010, 89（3）: 513-536.

[153] Pearce D G. Tourist time-budget[J]. Annals of Tourism Research, 1988, 15（1）: 106-121.

[154] Pihlström M, Brush G J. Comparing the perceived value of information and entertainment mobile services[J]. Psychology & Marketing, 2008, 25（8）: 732-755.

[155] Ricardianto P, Octaviani L, Agushinta L. How accessibility conditions in Maluku province Indonesia can affect the satisfaction of the tourists[J]. International Journal of Humanities and Social Sciences, 2019, 8（5）: 37-58.

[156] Sánchez J, Callarisa L, Rodríguez R M, et al. Perceived value of the purchase of a tourism product[J]. Tourism Management, 2006, 27（3）: 394-409.

[157] Sarstedt M, Becker J M, Ringle C M, et al. Uncovering and treating unobserved heterogeneity with FIMIX-PLS: Which model selection criterion provides an appropriate number of segments?[J]. Schmalenbach Business Review, 2011（63）: 34-62.

[158] Scott A J. Jobs or amenities? Destination choices of migrant engineers in the USA[J]. Papers in Regional Science, 2010, 89（1）: 43-63.

[159] Sheth J N, Newman B I, Gross B L. Why we buy what we buy: A theory of

consumption values[J]. Journal of Business Research, 1991, 22（2）: 159-170.

[160] Srivastava M, Kaul D. Social interaction, convenience and customer satisfaction: The mediating effect of customer experience[J]. Journal of Retailing and Consumer Services, 2014, 21（6）: 1028-1037.

[161] Tabrizian P, Baran P K, Smith W R, et al. Exploring perceived restoration potential of urban green enclosure through immersive virtual environments[J]. Journal of Environmental Psychology, 2018（55）: 99-109.

[162] Todd D J, Bowa K. Development of beach health index for the Gold Coast, Australia[J]. Journal of Coastal Research, 2016（75）: 710-714.

[163] Ullah Z, Johnson D, Micallef A, et al. Coastal scenic assessment: Unlocking the potential for coastal tourism in rural Pakistan via Mediterranean developed techniques[J]. Journal of Coastal Conservation, 2010（14）: 285-293.

[164] Van Der Merwe P, Slabbert E, Saayman M. Travel motivations of tourists to selected marine destinations[J]. International Journal of Tourism Research, 2011, 13（5）: 457-467.

[165] Wiedmann K P, Hennigs N, Siebels A. Measuring consumers' luxury value perception: A cross-cultural framework[J]. Academy of Marketing Science Review, 2007（7）: 1-21.

[166] Williams P, Soutar G N. Value, satisfaction and behavioral intentions in an adventure tourism context[J]. Annals of Tourism Research, 2009, 36（3）: 413-438.

[167] Woodruff R B. Customer value: The next source for competitive advantage[J]. Journal of the Academy of Marketing Science, 1997, 25（2）: 139-153.

[168] Xiong Y C, Yang L, Wang X H, et al. Mediating effect on landscape experience in scenic area: a case study in Gulangyu Island, Xiamen City[J]. International Journal of Sustainable Development & World Ecology, 2020, 27（3）: 276-283.

[169] Zeithaml V A. Consumer perceptions of price, quality, and value: A means-end model and synthesis of evidence[J]. Journal of Marketing, 1988, 52（3）: 2-22.

[170] Merriam−Webster Inc. Merriam−Webster's collegiate Dictionary[M]. Springfield：Merriam−Webster Inc, 1998.

[171] ORAMS M. Marine tourism：Development, impacts and management[M]. London：Routledge, 2002.

[172] Tolley G S, Diamond D B. The Economics of Urban Amenities[M]. North Carolina：Academic Press, 1982.

[173] Kim S G. Introduction to Marine Tourism[M]. Seoul：Hyunhaksa, 2007.

[174] Kotler P, Turner R E. Marketing Management：Analysis, Planning, Implementation, and Control[M]. Upper Saddle River：Prentice hall, 1997.

[175] Harriott V J. Marine Tourism Impacts and Their Management on the Great Barrier Reef[M]. Townsville：CRC Reef Research Centre, 2002.

[176] Johnston R L. Philosophy and Human Geography：An Introduction to Contemporary Approaches[M].London：EdwardArnold, 1983.

[177] Holbrook M. Consumer Value：A Framework for Analysis and Research[M]. London：Routledge, 1998.

[178] Horner S, Swarbrooke J. Consumer Behaviour in Tourism[M]. London：Routledge, 2020.

[179] Inskeep E. Tourism planning：An integrated and sustainable development approach[M]. New York：John Wiley & Sons, 1991.

[180] Glaeser E L, Kolko J, Saiz A. Consumer and cities[M]//CLARK T N. The City as an entertainment machine. New York：Elsevier, 2004：178−179.

[181] Ajzen I. From intentions to actions：A theory of planned behavior[M]//KUHL J, Beckmann J. Action Control: From Cognition to Behavior. Heidelberg: Springer, 1985: 11−39.

[182] Allport G W. Attitudes[M]// Murchison C. A Handbook of Social Psychology. Worcester：Clark University Press, 1935：798−844.

[183] Green G P, Deller S C, Marcouiller D W. Amenities and Rural Development：

Theory, Methods and Public Policy[M]. Cheltenham：Edward Elgar Publishing，
2005.

[184] 符国群 . 消费者行为学 [M]. 北京：高等教育出版社，2001.

[185] 申东柱，申惠淑 . 海洋观光开发论 [M]. 坡州：大旺社，2005.

[186] 李相春，吕浩根，崔娜利 . 海洋旅游的理解 [M]. 首尔：白山出版社，2004.

[187] 金成贵 . 海洋观光论 [M]. 首尔：玄学社，2010.

[188] 吴明学，权五顺，朴宇善，等 . 亲环境水中观光设施基础技术企划研究报告书 [R].
釜山：韩国海洋科学技术院，2018.

[189] 崔度锡，刘正宇，崔允灿 . 釜山的海洋观光产业特色培育方案 [R]. 釜山：釜山
发展研究院，2011.

[190] 金善姬 . 为改善未来生活质量的国土舒适度发掘和创造战略研究：第一卷总括
报告书 [R]. 首尔：国土研究院，2007.

附　　录

海南岛调查问卷

尊敬的受访者：

您好，感谢您在百忙之中抽出宝贵的时间来参与本次问卷调查。

本问卷是关于海南岛海洋旅游活动偏好市场细分研究的调查问卷。本调查仅用作学术研究，不作学术研究外的其他用途，请根据自己的真实感受回答。

感谢您的协助，并祝您身体健康，好运连连。

研究员：陈　铮

一、请根据您对海南岛海洋旅游活动的喜好程度做以下回答，在对应处画"√"。

海岸旅游活动	非常不喜欢	不喜欢	一般	喜欢	非常喜欢
1. 观赏日出、日落景观	①	②	③	④	⑤
2. 观赏海岸道路景观	①	②	③	④	⑤

海岸旅游活动	非常不喜欢	不喜欢	一般	喜欢	非常喜欢
3. 观赏河口等海岸地形景观	①	②	③	④	⑤
4. 游览历史遗迹等	①	②	③	④	⑤
5. 游览渔村、渔港	①	②	③	④	⑤
6. 游览水族馆等主题旅游景区	①	②	③	④	⑤
7. 体验游艇、游览船等	①	②	③	④	⑤
8. 体验冲浪等水上运动	①	②	③	④	⑤
9. 体验全地形车等海岸运动	①	②	③	④	⑤
10. 体验潜水、海底漫步	①	②	③	④	⑤
11. 体验温泉桑拿	①	②	③	④	⑤
12. 体验海水浴场	①	②	③	④	⑤
13. 体验海边节庆等庆典活动	①	②	③	.④	⑤
14. 体验海钓	①	②	③	④	⑤
15. 体验高品质海洋主题度假村	①	②	③	④	⑤
16. 购买海鲜等旅游产品	①	②	③	④	⑤
17. 体验海边美食	①	②	③	④	⑤
18. 体验海边咖啡厅	①	②	③	④	⑤

二、您对以下海南岛海洋旅游舒适度相关事项是否同意？ 请在相对应处画"√"。

　　※ 海洋旅游舒适度是指人们对海岸线的陆地及海洋空间所具有的自然、人文、社会、经济环境，设施，服务等所感知到的安全感、舒适感、快乐、便利、满足感。

海岸舒适度	非常不同意	不同意	一般	同意	非常同意
1. 海岸是否安全，不受犯罪及灾害威胁	①	②	③	④	⑤
2. 使用娱乐设施及海上运动设施时不用担心安全问题	①	②	③	④	⑤

续表

海岸舒适度	非常不同意	不同意	一般	同意	非常同意
3. 海水浴场有数量充足的救生设备	①	②	③	④	⑤
4. 发生危险时能够比较容易地请求帮助	①	②	③	④	⑤
5. 不用担心海岸道路交通安全	①	②	③	④	⑤
6. 空气和水质等干净	①	②	③	④	⑤
7. 海岸地区没有不好的味道（如海草、鱼类腐烂的味道）	①	②	③	④	⑤
8. 海岸旅游地内游客不拥挤，感到舒畅	①	②	③	④	⑤
9. 使用海水浴场时，没有蚊虫、螨虫、海蜇等的困扰	①	②	③	④	⑤
10. 海岸自然环境没有被破坏，得到了很好的保护	①	②	③	④	⑤
11. 海边建筑物和设施等亲近自然	①	②	③	④	⑤
12. 海岸旅游景区没有破坏环境的因素（如废水、树枝残骸、垃圾）	①	②	③	④	⑤
13. 开发海水浴场时比较好地保留了自然地形	①	②	③	④	⑤
14. 海水浴场有数量充足的便利设施（如公共厕所、洗澡间、休息间）	①	②	③	④	⑤
15. 海岸旅游地周边餐饮设施齐全（如餐馆、咖啡厅、便利店）	①	②	③	④	⑤
16. 海岸旅游地旅游服务设施齐全（如指示牌、旅游地图）	①	②	③	④	⑤
17. 海岸旅游地周边公交车、出租车等公共交通工具使用便利	①	②	③	④	⑤
18. 在海岸旅游地内能够便捷地使用无线网络	①	②	③	④	⑤

海岸舒适度	非常不同意	不同意	一般	同意	非常同意
19. 当地居民对游客态度亲切	①	②	③	④	⑤
20. 当地居民对海岸旅游地的历史文化比较了解	①	②	③	④	⑤
21. 当地政府积极支持海岸以及海洋旅游	①	②	③	④	⑤
22. 能够直接体验到海洋文化	①	②	③	④	⑤
23. 能够直接参观当地传统建筑以及历史遗迹	①	②	③	④	⑤
24. 能够直接参与当地海边文化节庆活动	①	②	③	④	⑤
25. 能够直接体验海上休闲运动	①	②	③	④	⑤

三、您对以下海南岛海洋旅游感知价值相关事项是否同意？ 请在相对应处画"√"。

※ 感知价值是指游客在参观海洋空间地区自然、人文、社会资源时或参观后对服务效用做出的整体主观评价。

感知价值	非常不同意	不同意	一般	同意	非常同意
1. 本次旅游与所支付的费用相比，有足够的价值	①	②	③	④	⑤
2. 与其他景区相比，海岸旅游提供了与价格相符的价值	①	②	③	④	⑤
3. 以恰当的价格提供了良好的服务	①	②	③	④	⑤
4. 愿意支付适当的费用	①	②	③	④	⑤
5. 本次旅游相对于付出的金钱更有价值	①	②	③	④	⑤
6. 本次旅游相对于付出的时间与精力更有价值	①	②	③	④	⑤
7. 海岸旅游为游客提供了别样的乐趣	①	②	③	④	⑤

续表

感知价值	非常不同意	不同意	一般	同意	非常同意
8.海岸旅游为游客提供了新的体验	①	②	③	④	⑤
9.海岸旅游给予游客安定感	①	②	③	④	⑤
10.海岸旅游给予游客满足感	①	②	③	④	⑤
11.海岸旅游有助于游客缓解压力	①	②	③	④	⑤
12.海岸旅游给了游客摆脱日常生活的机会	①	②	③	④	⑤
13.海岸旅游提供了结识新朋友契机	①	②	③	④	⑤
14.海岸旅游能够让游客在社会生活中突出自己	①	②	③	④	⑤
15.海岸旅游能够给客带来优越感	①	②	③	④	⑤
16.海岸旅游让游客感到自豪	①	②	③	④	⑤
17.海岸旅游的整体旅游质量很好	①	②	③	④	⑤
18.海岸旅游景区的路线布置得不错，不会让游客觉得枯燥乏味	①	②	③	④	⑤
19.通过海岸旅游景区达到了预期的旅游目的	①	②	③	④	⑤
20.在旅游景点，游客可以体验高水平的服务	①	②	③	④	⑤

四、以下是关于您对海南岛海洋旅游的满意度、再访问意向、推荐意向的相关提问，请在相应的地方画"√"。

问　题	非常不同意	不同意	一般	同意	非常同意
1.对本次旅游总体满意	①	②	③	④	⑤
2.会再次到海南旅游	①	②	③	④	⑤

续表

问　题	非常不同意	不同意	一般	同意	非常同意
3. 会推荐朋友到海南旅游	①	②	③	④	⑤

五、以下是对您的个人事项的相关提问。请在相应的地方画"√"。

1. 您的性别是（　　）？

① 男性　② 女性

2. 您的年龄是（　　）？

① 未满 20 岁　② 20 ～ 29 岁　③ 30 ～ 39 岁　④ 40 ～ 49 岁　⑤ 50 ～ 59 岁　⑥ 60 岁以上

3. 您的受教育程度是（　　）？

① 高中及以下　② 专科在读或毕业　③ 本科在读或毕业　④ 研究生在读或毕业

4. 您的职业是（　　）？

① 事务职（公司职员、公务员）② 专门职业　③ 技术职业　④ 销售服务业

⑤ 自营业或者公司代表　⑥ 家庭主妇　⑦ 学生　⑧ 农林渔业　⑨ 其他

5. 您的月收入是（　　）？

① 6 000 元以内　② 6 000 ～ 7 999 元　③ 8 000 ～ 9 999 元

④ 10 000 ～ 11 999 元　⑤ 12 000 ～ 13 999 元　⑥ 14 000 元以上

6. 您本次和谁一起旅行（　　）？

① 自己　② 朋友　③ 家庭成员　④ 同事　⑤ 团体

7. 您本次一起旅游的人数为（　　）？

① 自己　② 2 ～ 3 名　③ 4 ～ 5 名　④ 6 ～ 9 名　⑤ 10 名以上

8. 您的居住地是（海南以外省份及地区）？

① 东北综合经济区（黑龙江、吉林、辽宁）

② 北部沿海综合经济区（北京、天津、河北、山东）

③ 东部沿海经济区（上海、江苏、浙江）

④ 南部沿海经济区（广东、福建）

⑤黄河中游综合经济区（陕西、山西、河南、内蒙古）

⑥长江中游综合经济区（湖南、湖北、安徽、江西）

⑦大西南综合经济区（云南、贵州、四川、重庆、广西）

⑧大西北综合经济区（甘肃、青海、宁夏、新疆、西藏）